なぜ中国人はそう考えるのか

はじめての中国〝思考史〟

佐久協
Yasushi Saku

出版芸術社

はじめに

人と上手につきあうには相手の行動様式を知るのが早道であり、相手の行動様式を知るには相手の考え方を知ることが肝心である。しかし、他人の思考は脳を直《じか》にのぞき込んでも分からない。だが、どんなに目新しい思考でも、一から一〇まで独創的に出来上がっているわけではない。先祖のDNAを引き継いで営々と積み上げられてきた思考パターンを背景に生み出されているのであって、個性や独創はほんの表層部分を覆《おお》っているに過ぎないのだ。つまり、その人が育った国の歴史や思想の変遷を知れば、自《おの》ずと個人の思考パターンも理解でき、行動も推測できるということになる。もちろん、それだけで一〇〇パーセント理解できるようになるわけではないが、少なくともその過程を省略したのでは余計な誤解を生み出すもとになることは間違いない。

ここ数年、日本の政治家は中国とギクシャクした関係を続けているが、その原因の根本は政治家だけでなく日本人全体が中国の歴史や中国人の考え方の特徴を知らなすぎるためだろう。――と言うと、「なぜ日本人が中国の歴史や中国人の考え方を学ばねばならないんだ。中国の方こそ日本の歴史や考え方を正しく学ぶべきだ！」という声が聞こえてきそうだが、先んずれば人を制すという諺《ことわざ》をお返ししておこう。

思考というと小難《こむずか》しく聞こえるが、要するに日常生活における口の利き方や立ち居振る舞いなのだ。僕は「思想」と「思考」とは別物だと考えている。「思想」は基本的には一人の人間から発せられるものであるのに対して、「思考」は時代や環境によって無意識に刷り込まれているものである。相互理解は「思考」形態にまで踏み込まなければ不可能なのだ。そこで、本書では副題に「思考史」という耳馴れない言葉を用いた。

日本人の立ち居振る舞いは、聖徳太子が発布したとされる憲法十七条の筆頭の「和をもって貴《たっと》しとなし、忤《さか》ふこと無きを宗《むね》とせよ」以来、自身の主義主張を表に出さず大勢《たいせい》に従うことを善しとしてきた。それはそれで一つの生きる知恵ではあるのだが、それだけでは、明治維新によって国際社会にデビューして海千山千の国家に取り囲まれた日本が苦戦を強いられてきたのは当然だったのだ。

そこで、まずは中国の歴史を簡潔にたどることによって現在の中国人の思考の特色が何に由来しているのかを探り、日本人に役立てるのを目的として書いたのが本書である。

実は、僕は二〇〇八年四月に『これが中国人だ!――日本人が勘違いしている「中国人の思想」』と題して祥伝社から新書を出版しており、その改訂版を書けばよいくらいのつもりでいたのだが、この一三年間の中国および日本の変化、さらに中米関係は、激変と言うに等しく、結果的にまったく一から書き下ろすことにし、題名も変え、改訂版でなく新刊として出版することにした。

隣国の歴史や行動様式を知ることは、外交方針を定めるにも、経済活動をするにも、観光旅行をするにも、中国人と個人的なつきあいをするにも役立つものであり、同時に日本の特色を知ることにも役立つはずである。

二〇二一年四月一日

著者識

目次

第四章　唐・五代十国時代
~美意識・享楽主義・平等主義が誕生した世界国家から、再び乱世へ~

第五章　宋・元時代
~異民族支配に対する屈辱が「憎悪による団結」と「メンツ社会」を生んだ~

第六章　明・清時代
～国家意識の萌芽と、四大反乱から王朝滅亡への道程～

編集・制作／アーク・コミュニケーションズ

中華人民共和国 地図

ロシア
黒龍江省
哈爾浜
長春
吉林省
内モンゴル自治区
瀋陽
遼寧省
北朝鮮
黄河
フフホト
北京市
天津市
韓国
太原
河北省
銀川
寧夏回族
自治区
石家庄
済南
山西省
山東省
黄海
西安
鄭州
江蘇省
陝西省
河南省
合肥
南京
上海市
湖北省
武漢
安徽省
杭州
重慶市
浙江省
東シナ海
長沙
南昌
湖南省
江西省
福州
貴州省
貴陽
台北
福建省
台湾
広西チワン族
自治区
広東省
広州
香港
南寧
トナム
海口
南シナ海
海南省

カザフスタン
モンゴル
ウルムチ
キルギス
新疆ウイグル自治区
甘粛省
青海省
西寧
蘭州
インド
チベット自治区
ラサ
成都
ネパール
四川省
長江
昆明
雲南省
ミャンマー
ベト
ラオス
タイ

第一章

殷・周・春秋・戦国・秦帝国時代

～漢民族の基本精神《面従腹背》が確立した～

戦国時代の勢力図
（紀元前５世紀～紀元前３世紀）

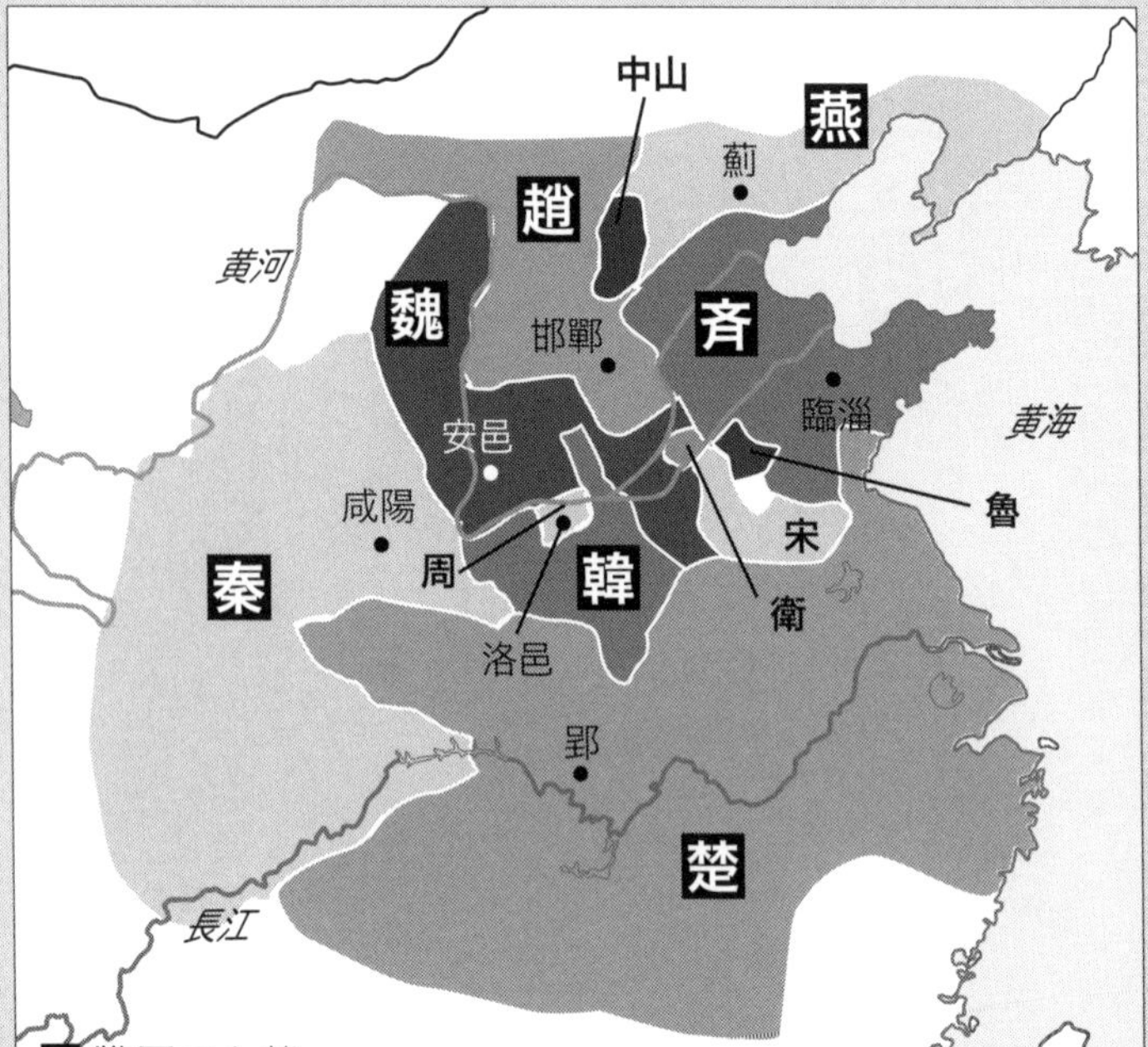

一 漢民族の思想基盤は「天」と「礼」

中国の歴史は、人口の大多数を占める漢民族の歴史である。漢民族はその誕生から現在にいたるまで世界で最大規模の人口を保持し続けている。太古の人口はもちろん推定に過ぎないが、春秋時代（紀元前七七〇頃〜紀元前四〇三年）で五〇〇〇万人、戦国時代（紀元前四〇三〜紀元前二二一年）には二〇〇〇万人に達していたとみられている。二〇二〇年の人口は公称統計で一四億一〇〇〇万人余りだが、「一人っ子政策」や「二人っ子政策」の罰金逃れで戸籍に載っていない人口を加えると一六億人近いとの研究もある。となると、世界の人口の総数の七八億人の二〇パーセント、地球上の五人に一人近くが中国人ということになる。

人口が多いのは、最近でこそ経済発展の好条件とみなされるようになったが、①**過当競争社会**と②**人命の軽さ**（＝人権意識の低さ）を生み出す原因として作用してきた。中国では、①も②もいまだにぬぐい切れていないのだ。

大人口を抱えた漢民族は、早くから広大な土地に拡散したため多くの方言を持つようになった。中国語の発音は、日本でも「明」をメイ・ミョウ・ミンと読み分けることからも分かるように、場所によっては外国語かと思えるほど異なっている。統一言語は民族意識を高める重要な要素だが、これほどの発音の相異にもかかわらず漢民族が同一民族意識を保ってこられたのは、殷《いん》王朝（紀元前一六〇〇年頃〜紀元前一一世紀頃）の後期に突如として使用されるようになった**漢字**のお陰である。漢字は世界に類例のない優れた「表音表意文字」であり、発音は異なっても書けば意味が通じるのだ。

中国の方言は、現在は七大方言や十大方言に分類されており、北京《ペキン》語を共通語としている今でも筆談をしている光景をしばしば見かける。中華人民共和国を設立した共産党の毛沢東《もうたくとう》主席は、中国が弱体化したのは学習に時間のかかる漢字が教育の普及を阻害したためだと考えて、漢字を全廃してローマ字表記にする政策を打ち立てた。彼の死後この方針は廃止されたが、もしもこれが実現していたなら、話が通じない北京地区と上海《シャンハイ》地区の対立関係は、今よりもエスカレートして分断状態になっていたかもしれない。

さて、中国史を学ぶ際に気をつけなければならないのは、中国と言った場合に現在の広大な中国の領土を考えてはいけない点である。万里の長城が漢民族の王朝の塀であり、それより北の旧満州を含む地は、異民族である騎馬民族が興亡を繰り広げている外国だったのだ。北京市も万里の長城もほぼ北緯四〇度に位置し、南宋《なんそう》が首都をおいた杭州《こうしゅう》市がほぼ北緯三〇度にある。つまり、日本では秋田市から種子島にあたる南北一〇度の範囲で漢民族が覇権《はけん》を競っていたのだ。

漢民族の起源は、黄河《こうが》の中・下流域に興《おこ》った**黄河文明**に由来しているが、黄河文明の特色はいわゆる「神」が存在しなかった点にある。そのため、文字の国と言われるにもかかわらず、中国にはまとまった形の「神話」が残されていないのだ。中国人の生活ぶりが極めて現実的で「現世《げんぜ》利益《りやく》」追求が強いことはよく知られているが、それは漢民族が人間を支配したり処罰する絶対神を持たなかったためだと説明されている。

漢民族にとって「神」に代わる概念が「**天**」だった。「天」というのは宇宙の道理や自然の法則に近いものである。「天」と「人間」を結びつける理論が、①「**天命思想**」と②「**革命思想**」の二つである。

「天命思想」は、この世のあらゆる現象は天の命ずるところに従って起きているという考えだが、この考えがプラスに作用すると、「人事を尽くして天命を待つ」（＝人間は精一杯の努力をして、結果は天に任せればよい）という、物事の結果に一喜一憂しない中国人の悠然たる大人《たいじん》の態度となって表われる。しかしマイナスに作用すると、「没法子《メイファーツ》」（＝どうせやってもしょうがない）という、これも中国人に見られる諦めや頽廃を生み出すことになる。——この両極端が現在でも中国人の特色の一つになっている。

「革命思想」というのは、統治者が徳をなくして人民を苦しめるようになると天命（＝天の意思や道理）が革《あらた》まって支配者を交替させ、新たに天命を受けた異なる姓の王朝が誕生するという考えである。これを「易姓《えきせい》革命」と言うが、日本の天皇制のような永続する政治権力を望む考え方とは大きく異なっているのだ。

ちなみに、大多数の日本人は革命を西欧の産物と思い込んでいるが、一七世紀に英国で起きたピューリタン（清教徒）革命も名誉革命も共に宗教革命であって、一般庶民が政治権力を倒す人民革命は古代の中国産であり、代表的な人民革命である「フランス革命」は、それ以前に流行していた中国ブームによってフランスに輸入された「易姓革命」理論から生み出されたものだったのだ。

黄河文明によって漢民族に根づいたもう一つの慣習が「**礼**」である。漢民族は祖先崇拝を発展させたが、その過程で長幼《ちょうよう》の序《じょ》や家族内の親子のあり方を定めた。礼というと現代人は礼儀作法やエチケットといった軽い意味で捉《とら》えがちだが、古代中国の礼というのは身分制度を支え、日常生活をこまごまと規制する法律のようなものなのだ。——このため、礼の慣習もプラスに作用すると、老若男女を問わない中国人の洗練された振る舞いとなって表われるが、いったん上からの強制と受け取られると反発されて、これまた中国人の欠陥としてしばしば指摘される無秩序や不作法の原因となっているのだ。

以上のような**両極端**が中国および中国人の第一の特色である。すべての面で振幅が大きいのだ。これは大多数が中間付近に固まっている構造の日本との大きな相異である。日本人と中国人の振幅の差は、**日本を一とすると、中国は一〇**とみなすとよいだろう。――日本人が中国人をどう思うかは、最初に出会った中国人がどちらの側の人物であるかによって、あるいは同じ人物でも出会った時の彼や彼女の精神状態がどちらの側にあったかによって左右される可能性が極めて大きいのだ。

二　諸子百家が出現！「思想のビッグ・バン」

殷王朝は六〇〇年ほど続き、錫《すず》と銅の合金である①青銅器文化を発達させ、②漢字の使用という二大成果をあげたが、最後に出た紂王《ちゅうおう》が暴虐であったために易姓革命によって紀元前一〇五〇年頃に周《しゅう》王朝に取って代わられた。

周王朝は一族を各地に派遣して政治を任せる封建制度を採用した。このため当初は血族が結束して大いに栄え、一般庶民に教育を施して民政に力を入れる善政を行ったが、時代が下るに従って封建君主の血族意識が薄れると互いに争い合うようになり、その結果、紀元前七七〇年頃に異民族の侵入を許して首都を東に遷《うつ》さざるを得なくなった。

周王朝はその後も名目上は三七代まで続くが、支配領域は一地方に過ぎなくなり、歴史学上では紀元前七七〇年から紀元前四〇三年までの約三七〇年間を「春秋時代」、紀元前四〇三年から秦《しん》の始皇帝《しこうてい》が全国を統一する紀元前二二一年までの約一八〇年間を「戦国時代」と呼んでいるのだ。

春秋時代の特筆事項は、**孔子**《こうし》（紀元前五五一？〜紀元前四七九年）**の誕生**である。

孔子は、今でこそ生没年ばかりか生没日や両親の名前まで知られているが、後世のデッチ上げであり、名もない巫女《みこ》の庶子《しょし》だったというのが学会の定説である。

孔子が聖人だったというのもフィクションである。このフィクションは、イエスが神の子であるというキリスト教文化圏のフィクションと並ぶ、人類の二大フィクションの一つである。

孔子が生きていたのは春秋時代の末期だが、その頃までは周王朝が中国の統一王朝であるという意識がまだ辛うじて存在していた。それが消え失せて、各地の君主が全国統一を目指して本格的に戦争を始め出したのが戦国時代である。

人類は良くも悪くも戦争によって文明や文化を一変させてきたが、中国も例外ではなかった。

しかし春秋時代の金属器はまだ青銅器が中心で、青銅製の剣はあったが武器としては適さず、兵士は革製の防具を身に着け、頭だけ青銅製の兜《かぶと》で護って戦場に臨んだ。主力は歩兵で、騎馬の技術は未発達で、古代ギリシャや古代ローマでお馴染みの馬に引かせた一人乗りのチャリオットや数頭の馬に引かせた箱型の戦車が最先端の戦争用具だった。

戦国時代になると徐々に鉄器が使われ出し、鉄器が武器の中心になると殺傷力は段違いになった。農具も鉄器が中心になると、農産物の増産にともなって人口も飛躍的に増え、戦争は今日の局地戦とさして変わらないほどの規模と残虐さになった。

現在の中国人の生活は、西洋人と同じく椅子にテーブル、ベッド、靴履きが基本だが、当時の漢民族の生活も同じである。町や都市は、全体を土塁や日干しレンガ製の城壁で取り囲んだポリス形式である。農地は城壁の外にあり、敵が襲って来ると全住民が城壁の中に逃げ込んで城門を閉ざして戦うことになる。――日本の平城京や平安京は中国の都市を真似て造られたが、城壁は造られず門だけが作られた。このため日本では、戦争が始まると住民は家財を抱えて逃げ出せるが、中国の場合は全住民を巻き込んだ総力戦となるのだ。

城壁で囲まれた町や市の中心には広場や備蓄倉庫があり、大きな釜が備えられている。戦争が長引き備蓄の食料を食べつくすと、戦闘に役立たない老婆から大釜で煮込んで粥状にして食べ始める。さらに長引くと戦闘に役立たない幼少の子どもまで食べるが、さすがに自分の子を殺すのは忍びないので他家の子どもと交換して食べる。

このため敵に対する憎悪もハンパなものでなくなるのだ。——織田信長は自分を裏切った義弟の浅井長政《あざいながまさ》の頭蓋骨に金箔を貼って酒器にしたというが、この逸話に日本人は、信長が長政の頭蓋骨に金箔を貼って披露したという事実は認めても、酒器にしたというのは後世の創作だとみなしている。しかし中国人なら酒器説まで受け入れるだろう。中国では苦戦の末に逆転勝利して敵将の頭蓋骨を小便器に使用した例もある。中国の戦争は、それほどの憎しみを懐《いだ》いても当然なほど悲惨きわまりないものになるのだ。

では、中国の戦国時代が弱肉強食の血みどろなだけの時代だったのかというと、そういうわけでもないのだ。

斉国《せい》の威王《いおう》（在位紀元前三五六～紀元前三二〇年）と宣王《せんおう》（在位紀元前三一九～紀元前三〇一年）父子は、戦国時代のまっただ中に、古代ギリシャの広場《アゴラ》で開かれていた討論会やイタリアのルネッサンス運動を想《おも》わせる「稷下《しょくか》の学」と呼ばれる学術ブームを自国で花開かせているのだ。

威王は主義主張にとらわれることなく全国の著名な学者を招いて都の西の稷門《しょくもん》の付近に邸宅を与え、そのため斉国を目指してやって来る学者や学徒は数百～千人にのぼり、彼らの間では学派を超えた自由討論が行われたのだ。——日本の戦国武将でも、信長や秀吉のように、現在は高級文化とみなされている能や茶道に親しみ、上杉謙信や伊達政宗は優れた漢詩や和歌を残しているが、威王の規模までには達していない。これも、日本人が一なら中国人は一〇とみなす、振幅の差の《一〇倍の法則》の例と見てよいかもしれない。

中国の戦国時代の特筆事項は、後に「**諸子百家**《しょしひゃっか》」と総称される多種多様な思想の出現である。では、なぜこの時期に「諸子百家」が誕生したのかといえば、天下を統一して平和を取り戻したいという切なる願いからだった。諸子百家の主張はバラバラでも、天下を統一させるための政策という点では一致しているのだ。

では、それらがどんなものだったのか、概略とエピソードをざっと紹介しておこう。

1 儒家《じゅか》

中国でいち早く思想集団を創り上げた学派であり、始祖は孔子である。主張は道徳と教育によって平和をもたらすというもので、**徳治主義**《とくち》と呼ばれる。徳治主義は孔子が考え出したものではなく、周王朝の初期の政策であり、孔子は周王朝時代の初期に戻れと唱える復古主義者だったのだ。

I　孔子

孔子が何者であったのかは詳しく分かっていないが、僕の考えでは「有職故実《ゆうそくこじつ》」家だった。孔子が生まれた春秋時代の末期から、家臣が君主を押しのけて権力を握る「下剋上《げこくじょう》」が日常茶飯事となり、彼らは力を誇示するために先祖の祭りや山川の祭りを盛大に執り行おうとしたが、成り上がり者の哀しさで正式な方法を知らなかった。そこで廃《すた》れている古代の儀礼や慣習を調べ上げて復活させる「有職故実」という学問が、にわかに注目されるようになったのだ。孔子は数え齢わずか一五才（＝満年齢一四才）で、「有職故実」が金にもなれば出世にもつながる職業になるだろうことに気づいたのだ。この点は間違いなく天才的だったと言ってよさそうだ。

孔子は識者を訪ね歩いて知識を集め、三〇才の時にはあちこちから声がかかるようになった。それで調子に乗って、弟子の子路《しろ》が止めるのも聞かずに舞い上がってしまい、祖国の魯《ろ》を立て直そうと辣腕《らつわん》を振るった模様だ。一時は司法大臣にまで出世したが、最終的には失敗し、晩年は塾を開いて次代の青年に夢を託して数え齢七四才で亡くなった。

孔子は聖人とされているので、日本人は青白きインテリを想像しがちだが、背丈が二メートル近い屈強な大男で、弓が得意で狩猟が趣味だった。その一方で琴を弾き唄も上手かった。顔つきはいかつく、中国には空想の肖像画が数多く残されているが、中には日本人の目には狂暴に見えるものもある。――このあたりも日本人が考える聖人と中国人が考える聖人とは大違いなのだ。

孔子の思想を伝える『論語』は、弟子筋に残った孔子の言葉を集大成したもので、孔子の死後四〇〇年ほどたって現在の形になったと考えられている。『論語』の中で孔子が強調しているのは、①「仁《じん》」（＝思いやり）と②「中庸《ちゅうよう》」（＝ほどよい行為）の二点である。日本人は「何じゃらほい、それだけか」と思うかもしれないが、何につけても日本人の「一〇倍」の振幅を持つ中国人にはこの二つの実現は至難の業なのだ。

Ⅱ　孟子《もうし》

孟子は、孔子の死後一〇〇年ほどたった戦国時代の中期に活躍した儒家である。孟子は①**家族中心主義**と②**性善説**《せいぜんせつ》の二点を唱えた。母子家庭に育った孔子も、家族を社会の基盤とみなしているが、孟子も母子家庭に育ったようだ。

②の性善説というのは、人間は生まれながら善を行う能力を持っているという主張である。それだけ聞くと人間賛歌のように思えるが、孟子の真意は「だから正義を実行するのが人間の使命なのだ」というものである。極論すると「人間は正義を実行するために生まれてきたのだから、正義を実行した結果、殺されたとしても、人生の目的を果たして死ぬのだから満足すべきだ」という過激思想なのだ。孟子は「易姓革命」理論を振りかざして、君主に仁政を敷くように半ば脅《おど》

しをかけて歩き回っているのだ。

孟子の思想を伝える書である『孟子』は、対話形式の問答集で、名文として知られており、日本人が訓読してもリズミカルで、読み終わると孟子の主張のことごとくが正しいような気がしてくる。――松下村塾《しょうかそん》で倒幕の志士を育てた吉田松陰《よしだしょういん》がのめり込んだのもよく分かる。

では、孟子自身は自分の主張を実行したのかというと、しなかった。有名になった孟子は王侯のような行列をしたてて各国を遊説《ゆうぜい》して歩いたが、君主が説得に応じないと分かると、現在の価値に換算して億単位の高額の謝礼や旅費をもらってサッサと退散しているのだ。弟子に「先生はなぜ命がけで説得をしないのですか！」と批判されても、「自分は家臣でないから命がけで説得する必要はないのだ」とうそぶいている始末だ。家族第一主義を唱えているが、留守がちなために子どもとの折り合いも悪かったようだ。

では、孟子の主張は信じられていなかったのかというと、そうではなく、「君主たるものは、世襲でなく徳のある者に地位を譲るべきだ」という孟子の言葉を信じて家臣に位を譲って危うく国を滅亡させかけた君主もいるのだ。――「中国人は現実主義者である」と言われるが、日本人にとって現実主義者というのは、危ういところで引き返す者を意味しているが、中国の場合は信じた道を突っ走って実現させてしまう文字通りの現実主義者が少なくないのだ。

Ⅲ 荀子《じゅんし》

荀子は、孟子より二世代・六〇才ほど後輩の戦国後期の儒家である。彼は孟子に対抗して**性悪説**《せいあくせつ》を唱えた。人間の生まれつきの性格は悪である、だから道徳や教育のタガをはめて善にすることが必要なのだという主張である。こうなると、道徳は強制的な規則や法律に似てくる。荀子の考えをさらに徹底させたのが法家《ほうか》である。

2 法家

法家は法律によって世の中を安定させる**法治**《ほうち》**主義**の元祖だが、戦国時代の法家が唱える法律は、絶対権力を確立するための厳罰と抱き合わされた法律である。厳罰によって振幅の大きな中国人を抑え込むのが目的である。

Ⅰ 韓非《かんぴ》

法家の代表者は荀子より四〇才ほど若い韓非で、著書は『韓非子《かんぴし》』である。古代の中国では個人の著書には題名を付けず、著者の姓に先生を意味する「子《し》」を付けて呼ぶ。『韓非子』も初めは『韓子』と呼ばれていたのだが、唐の文章家の韓愈《かんゆ》と紛《まぎ》らわしいので、宋《そう》代以降に名前の「非」も加えて『韓非子』と呼ばれるようになったのだ。

『韓非子』は、君主と家臣の関係を史実を例にしてあれこれ述べている書だが、引き合いに出されている史実は、「ゴマスリの家臣がグルメな君主に取り入るために、自邸に君主を招いてまだ幼い我が子の頭を蒸して提供し、君主が喜んでそれを味わった」といったドギツイ話のテンコ盛りである。しかし韓非は単に権謀術数を勧めているわけではなく、「はたして自分の子どもを料理して提供するようなゴマスリ家臣を君主は信用してよいものなのだろうか？」さらには「家臣にそうしたゴマスリ行為をさせる君主は、君主に値するのだろうか？」と自著の読み手に考えさせようとしているのだ。

『韓非子』を読んだ秦《しん》王（＝後の始皇帝《しこうてい》）は、韓非を秦に招いた。韓非と面談した彼はすっかり韓非が気に入ったのだが、秦王の下にはすでに李斯《りし》という野心家が仕えていた。李斯はかつて荀子の塾で韓非と同門で、韓非の能力を熟知しており、韓非が採用されたら自分の地位が危うくなると不安を懐《いだ》いた。そこで李斯は秦王を騙して韓非を捕らえさせ、無理やり服毒自殺をさせてしまった。――君臣の身の処し方をあれこれ説き尽くした人物にしては何ともドジな結末を迎えたわけだが、韓非は戦国時代の末期に残った「戦国の七雄《しちゆう》」と呼ばれる七ヶ国の一つである韓《かん》国の公族出身だったというから、お坊ちゃん育ちの甘さがあったのかもしれない。

Ⅱ 商鞅《しょうおう》

韓非は実績を残さずに死んだが、韓非より一〇〇年ほど前の戦国時代初期に活躍した商鞅は、いかんなく法家の思想を実践している。

商鞅は衛《えい》の国の公族の出身だったが、母国では芽が出ず秦の国に行って孝公《こうこう》に仕えて商《しょう》の地を与えられた。商鞅が就職した当時の秦は中国の西端に位置する後進国で、地味が悪いのと定期的なイナゴの大発生でしばしば飢饉に襲われ、孝公は富国強兵を実現できる人物を捜し求めていたのだ。

商鞅の政策の二本柱は、①**連座制**（＝連帯責任）と②**密告制度**だった。

①は、五戸ないし一〇戸の家を一グループにして互いを監視させ、違反者が出るとグループ全員を処罰するという制度である。制度は戦場でも適用されたので、秦の軍隊は逃亡兵を出さず死に物狂いで戦うようになった。犯罪も連帯責任で発覚すれば全員に厳罰が科されるので、道に金銀が落ちていても誰も見向きもしなくなり、治安は夜でも戸締まりをしなくてすむほどになった。

②の密告制度によって政府を批判する者もいなくなった。法律を批判する者は死刑にするという法律を作り、「それはいい法律だ」と褒めた者を死刑にした。褒めるのも批判なのだ。死刑も残酷なものにしたが、それを批判する者もいなかった。

その結果、商鞅は自分の政策に酔ってしまった。国民は処罰が怖いからイヤイヤ法律に従っているのだが、法治主義こそ理想の政策だと錯覚してしまったのだ。商鞅をバックアップしていた孝公が死ぬと、王室内にたまっていた不満が爆発し、商鞅は謀反人として追われる身になった。商鞅は逃亡したが自分が定めた法律が国の隅々にまで行き渡っており、誰も商鞅を匿《かくま》ってくれない。ついに商鞅は捕まり、一族もろとも車裂きの刑にされてしまった。これは罪人の四肢を別々の馬車につないで、馬車を四方に走らせて罪人を生きながら引き裂く刑である。

ちなみに韓非をおとしいれた李斯も、始皇帝の死後に五刑という生きたまま耳・鼻・舌・両手・両足を順番に切られた末に腰を真っ二つにされる刑で死んでいる。

始皇帝は法家の政策を採用することによって天下を統一できたが、秦帝国もわずか一五年で滅亡している。——どうやら、自分で自分の首を絞めるのが法家の共通点と言えそうである。しかし①と②は大なり小なりその後の中国の王朝に引き継がれている。

法家の思想は、**中国人の法意識**に決定的と呼べるほど大きな影響を与えた。日本では明治維新後に欧米に追いつくために大慌てで近代法を制定し、法律イコール文明化と思い込まされ、法律や法治主義という言葉にプラスイメージを持っている。だが、中国人にとって法律や法治主義は民衆を弾圧するための存在であり、極めつきのマイナスイメージと切り離せないものになっているのだ。

中国で最初に法律を文書化したのは、孔子より三〇才ほど年長の子産《しさん》という政治家だった。孔子は子産を尊敬していたが、法律の文書化には猛反対をしている。孔子の反対理由は、法律を文書化すると人々が前もって抜け道を考えようと悪知恵を働かせて、国の道徳的な品位が下がるというものだった。――この主張は日本人には、コジツケにしか思えないだろう。では孔子の理想はというと、こういうものだった。

葉公《しょうこう》（楚《そ》の地方長官）「わが領地には正直者がおりましてな、父親が羊を盗んだ時に、それを役所に知らせに来たんですぞ」

孔子「わたしどもの正直者は、それとはちがいます。父は子の罪を隠し、子は父の罪を隠します。正直というのはそういう中にあるものなんですよ」（『論語』子路一三―一八）

――これも、日本人にとっては孔子が犯罪の隠蔽を認めているようで、シックリと納得できるものではないだろう。しかし、葉公の発言が法家の密告制度の支持に等しいことに気づけば、間髪を入れずに反対した孔子の先見の明が分かるだろう。

欧米人や日本人は、「中国は近代的な法治主義国家でなく、人治《じんち》主義国家だ」と批判するが、大方の中国人には一向にピンとこないで、多少のワイロやコネがはびころうとも人治主義の方が法治主義よりも数段ましじゃないかと思っているのだ。

3 道家《どうか》

儒家と法家の言い争いを冷ややかに眺めて、両方ともダメだと言ったのが道家である。

I 老子《ろうし》

道家の始祖とされるのは老子で、その著書が『老子』である。老子の経歴はまったく不明で、オギャーと生まれた時にはすでに老人だったので老子と呼ばれたといった伝説もある。――このあたりの神秘化も、逆に新しい思想だった証拠ではないかと僕は睨んでいるのだが。

道家は、人間が小《こ》ざかしい知識を振りかざして言い争うことが諸悪の根源であり、政治権力や社会秩序に背を向けて自然の中に隠れ住むことを理想とし、キーワードは**無為自然**《むいしぜん》である。

『老子』は、前編が「道」の字で始まり後編に「徳」という字があるので『老子道徳経』とも呼ばれるが、いわゆる道徳の本ではない。わずか五〇〇〇字余りの超短編で、難解とされているが、特別に難しいことを言っているわけでもない。現代風に極論すれば、ジャン・ジャック・ルソーの「自然に帰れ」を二〇〇〇年ほど前に唱えているのだ。

老子はルソーよりも哲学的に一歩踏み込んで、「天の価値基準と人間の価値基準は一致しない」と主張しているのだ。儒家や法家はそれとは逆に「天の価値基準と人間の価値基準は一致している」ことを大前提にしている。すなわち、人間が善とみなす行為は「天」にとっても善であり、人間が悪とみなす行為は「天」にとっても悪であると考えているのだ。

『老子』は、水を例にこう説明している。世の中に水ほど有用なものはないが、水は高い所よりも低い所を好み、自己主張をせず常に受け身で容器の形にそってどんな変化も受け入れる、汚れることも厭《いと》わない。人間の価値基準から見るとマイナス評価を下されるようなことばかりしているのだが、だからこそ水は素晴らしい働きができるのだ。家や壺を見てみよう。人間は家というと屋根や壁を思い浮かべ、壺というと外形を思い浮かべるが、家や壺が有用なのは、空洞部分があるからだ。ところが人間は、空洞部分は何も無い役立たずな部分と思い込んでいる。すなわち人間の価値基準は逆立ちしているのだ。だから人間は自分の小ざかしい基準で善悪の判断をするのをやめて、一切を天（＝自然）に任せて生きよ。それが無為自然なのだ。

——老子にとっては、儒家の道徳や礼、法家が信奉する法律は、人間が小ざかしい知恵で創った小細工の典型例ということになる。

『老子』は理想郷を次のように示している。

「国は、全住民が顔見知りの小さな村くらいの規模がいい。便利な道具は不要。住民は生命を貴《とうと》んで遠くへ出かけないから、舟も車も武器もあるが使用されない。文化や文明は太古の結縄《けつじょう》文字が用いられている状態で十分。住民は自給自足で質素な衣食住に満足し、その地で生まれ、その

地で育ち、その地で死んでいく」（第八〇章）

現代人なら「よしてくれ。それじゃ退屈で三日も住んでいられない！」と叫びたくなるところだが、これも老子が戦国時代の最盛期を体験した人物であり、戦乱にウンザリしていた証拠と言えそうである。——ちなみに、一九六〇年代に毛沢東が始めた「文化大革命」は既存の文化や文明を全否定し、一〇年間近く初等教育すら満足に行われなかったが、毛沢東の脳裏には老子の理想郷がチラついていたのかもしれない。

Ⅱ　荘子《そうじ》

荘子は、戦国時代中期の道家である。著書は『荘子』。

キーワードは、**徹底的な相対主義**である。老子は人間と天の価値基準をひっくり返してみせたが、荘子はさらにその上をいって、世の中のあらゆる価値はすべて相対的だ、同じ事を行っても、その時その場の状況で善になるか悪になるかは分からない。だから誤りない行動をとりたければ、まずは一切の先入観や固定観念から解放されることだと主張しているのだ。——彼の主張は、一切のイドラ（偏見）からの解放を説いたフランシス・ベーコン（一五六一～一六二六年）に似ているが、この場合も荘子の方が二〇〇〇年近く早かったわけである。

では、荘子は「天」や「天命」をイドラとして否定したのかというと、そうではなく、あらゆる価値基準は相対的であるという現実こそ、ほかならぬ「天」が存在し「天」の法則が働いている証拠であるとみなして「天命」を「天理」と表現している。

『荘子』はあらゆる事象が相対的であることを示すために、Aと言ったかと思うと別の箇所ではAを否定しており、座右の銘でも得ようと思って『荘子』を読むと、はぐらかされたような気分になる可能性が大である。

日本人初のノーベル賞受賞者の湯川秀樹博士は晩年に『荘子』からヒントを得て、量子の世界では時間は「昨日」→「今日」→「明日」の順番に並んでいないと主張し、当時の学会で変人扱いされたが、最新の量子論や宇宙論の研究はそちらの方向に動いているようだ。

Ⅲ 列子《れつし》

列子は列禦寇《れつぎょこう》という戦国時代初期の実在の人物とされており、展開しているのは道家的な思想だが、現在では著書の『列子』は漢代以降の偽作説が有力なので、ここでは割愛する。

4 墨家《ぼっか》

墨家はまことに興味津々《しんしん》たる思想ならびに思想集団である。始祖は墨子《ぼくし》である。キーワードは、**兼愛**《けんあい》と**非攻**《ひこう》で、弱肉強食の戦国時代に博愛主義と反戦主義を主張したのだ。

I 墨子《ぼくし》

彼の姓名は墨翟《ぼくてき》というが、「墨」というのは罪人の顔に施された入れ墨の意味であるとか、職人の出身であって木や石の表面に直線を引く墨縄《すみなわ》に由来している、奴隷の出身だったなど、諸説がある（現在のところ中国には奴隷制度はなかったというのが学会の定説になっている）。墨子が生まれたのは春秋時代の最晩期で、最初は儒家を学んでいたが飽きたらず、新たな一派を起こしたのだという。

では、儒家のどこが不満だったのかというと、儒家が家族に対する愛情を基本とみなしている点だった。儒家は、家族愛から一族愛へ、一族愛から同郷愛へ、同郷愛から同胞愛へと愛の段階的な発展を主張しているが、墨子の「兼愛」は一挙に無差別絶対の愛を唱えるものだった。墨子は儒家の段階的な愛こそ差別を生み出す元凶であるとして全否定し、儒家が父親と母親とで葬式の仕方に差をつけているのも許さなかった。当然、儒家の道徳や礼を全否定している。

日本人は、愛や平等や反戦思想というのも、西洋の産物であると思い込みがちだが、『墨子』の「兼愛篇」や「非攻篇」を読むと、たった今書かれたものではないかと思えるほどみずみずしい。晩年に博愛主義を唱えた文豪レフ・トルストイも手放しで絶賛しているほど完成度も高いのだ。――墨子がどうしてそんな高度な思想にたどり着けたのかは、大きな謎になっている。

墨子は「天」の存在を認めているが、運命と誤解されがちな「天命」という言葉は用いずに「天意」や「天志」という言葉を用いている。この言葉からも分かるように、墨家の「天」は人格神に近いのだ。運命論を否定しているが、孔子が敬して遠ざけ（＝敬遠し）た神霊の存在も認めている。――そこから、墨家は思想集団というよりも宗教教団に近かったのではないのかともみなされている。

それまでの思想家が、士大夫《したいふ》と呼ばれる日本でいう武士階級や、少なくとも読み書きができる知識階層を相手にしていたのに対して、墨家は農業や工業に従事する庶民を相手にしていた。墨子の死後の指導者は鋸人《きょじん》（＝尊者）と呼ばれて四代まで名前が知られている。三代目は、楚の軍隊と戦って敗れて仲間四〇〇人と共に集団自決をしている。――このあたりは、一九七八年に九〇〇人以上のアメリカ人信者がガイアナで集団自決したカルト宗教団事件を思わせるものがある。

三代目時代の墨家は、初代の反戦思想をかなぐり捨てて侵略戦争にさらされた側の助っ人として積極的に戦争に参加していたのだ。――これも謎の一つだが、多数の信者を養っていくために信者の技能を活用して方針転換をしたようだ。『墨子』は五三篇から成る分厚い書だが、墨子が書いたのは「兼愛篇」と「非攻篇」だけで、そのほかは方針転換をするたびに書き改められたものだとの説もある。

いずれにしても、墨家は戦国時代を通じて最も知られた人気抜群の思想集団だったが、戦国時代が終わった時点で、歴史からまったく姿を消している。――この最大の謎に関しても諸説がある。分派争いによって自滅したという説、秦の始皇帝は医学や農学など生活に直接役立つ学問のほかは不要だとして書物を焼き学者を穴埋めにする「焚書坑儒《ふんしょこうじゅ》」を実行したが、戦争の技術集団である「墨家」はそれ以前に捕らえられて皆殺しにされたとの説などである。

――しかし、始皇帝に一番目をつけられた儒家でも、大弾圧をくぐり抜けて生き残っているのだ。そこで僕は、こんな風に考えている。孔子や孟子は母子家庭に育ったために家族愛を重視したが、墨子は戦乱で両親を亡くし孤児として育った。このため彼は、生きるために非行や犯罪に走って処罰の入れ墨をされた。だが、心の飢餓を満たそうと一念発起して儒家にすがった。しかし満たされずに煩悶《はんもん》し、ついに無差別の愛に行きつくと同時に自分の半生を台無しにした戦争を心から憎むようになった。墨子の死後、後継者は教団を維持するために教祖の教えから逸脱して防衛側の助っ人稼業に深入りしたが、助っ人した側が軒並み敗れて始皇帝が天下を統一したのを見て、生き残ったメンバーは教祖が望んでいた理想社会を築くために、集団で中国を脱出して西に向かった。――そのため、墨家は中国史から忽然と搔《か》き消えたのだ。

『墨子』を読むと、キリスト教は墨子の主張を盗用したのではないかと疑いたくなるほど多くの類似点が見られる。墨子は牧師か、とダジャレを飛ばしたくなるほどだが、僕は、それから二百余年後のイエスの誕生の際に訪ねて来たという「東方の博士」なるものは、流浪の末にベツレヘム付近までたどり着いた墨家の末裔《まつえい》であり、成人となったイエスが四〇日間にわたって荒野で修行をしたというのも、そこで墨子の末裔と接触して愛の思想を伝授されたのではないかと空想している のだ。——そうとでも考えなければ、儒家や法家を想わせる厳格主義のモーゼの教えからイエスの愛の思想が生まれてきそうにないではないか。

5 兵家《へいか》

兵家は、本場の中国の分類では「諸子百家」に入っていないが、『孫子《そんし》』や『呉子《ごし》』といった書で知られる**軍事思想**である。著者である孫子と呉子の経歴も諸説が乱れて判然としない。内容は『孫子』の方が複雑で人気があるが、春秋時代の著作で近代戦に向かないと言われる『呉子』の方が基本的なことを述べており理解しやすいし、日常生活にも応用できることが書かれている。両書とも短編に属するが、戦術の解説のほかに戦争哲学に類する記述もある。

明確にそう述べているわけではないが、墨家の「兼愛」や「非攻」とは逆に、戦争は各国が対等な軍事力を持てばなくなる、あるいは武力によって最強国を決める方が平和実現の近道であるという考えを背景にしており、現在も多くの政治家に支持されている主張であることは周知の通りである。

しかし、その後の歴史が示すように、対等な軍事力を目指しても軍備拡張競争や新兵器開発競争が始まるだけだから、実際には実現不可能な主張でもある。

戦争を抑止するための戦争の容認や、「核抑止力論」は、兵家の主張の延長線上にあると言ってよいだろう。

6 縦横家《じゅうおうか》（「しょうおうか」とも言う）

それならば戦争でなく、外交で平和をもたらすのが早道だと考える一派が縦横家である。

戦国時代には七つの国が勝ち残ったが、一番強かったのは西方に位置する秦だった。そこで、東側の南北に位置する六国が縦に連合して秦に対抗する外交政略を「合従《がっしょう》の策」という。「従」は縦の意味である。これを唱えたのが蘇秦《そしん》という人物だった。彼はこの政策を引っさげて六国を巡り歩いて君主を説得し、ついに六国の首相を兼任する大出世をとげた。その結果、秦は一五年間六国を攻められなかったのだ。

だが同盟は崩壊し、蘇秦は暗殺されてしまう。そこで活躍したのが、かつて蘇秦と同じ師の下で外交政略を学んだ張儀《ちょうぎ》だった。彼は秦国に仕えており、六国の君主に秦国と二国間同盟を結ぶのが得策であると説いた。これを「連衡《れんこう》の策」というが、東西の横の連合という意味である。――ここから、外交政略を持って各国を股にかけて自分と政略を売り込む者を総称して「従横家」と呼ぶようになったのだ。張儀の連衡の策は成功し、商鞅が殺されて以来久しく低迷していた秦は、再び天下統一の道へと歩み出すことになるのだ。

――以上の話は、司馬遷《しばせん》の『史記』に書かれている話だが、一九七二～一九七四年に湖南省で「馬王堆漢墓《まおうたいかんぼ》」が発掘され、出土した古書を調査した結果、『史記』の記述は史実と大きく異なることが分かった。『史記』を講談に過ぎないと否定していた学者は証拠が上がったと勢いづいたが、僕は「合従連衡」の話の全部が司馬遷の創作であるとは考えていない。司馬遷は蘇秦に関して諸説が入り乱れていることを指摘しており、その不確かな伝承を大幅に取り入れて記述したのだろう。

戦国時代には、ほかにも尾ヒレがつけられた出世物語が山ほどあったはずである。戦国時代は一般庶民にとっては悲惨きわまりない時代だが、一匹オオカミの野心家にとっては立身出世のまたとないチャンスだったのだ。縦横家たちの虚実入り混じった血湧き肉躍る活躍物語は、中国人の性格形成に、ほかの思想以上に影響を与えてもいるのだ。

「**鶏口牛後**《けいこうぎゅうご》」（＝鶏口となるも牛後になるなかれ）という諺《ことわざ》は、現在でも中国人のＤＮＡにしっかりと組み込まれている。大きな組織の下っ端にいるよりも、小さな組織でもいいから頭《かしら》にならなければダメだという意識である。――これは、「寄らば大樹の陰」「腐っても鯛」「イワシの頭よりも鯛の尻尾」という諺がまかり通り、若者の就職活動でもとりあえず名の通った企業を選ぶ日本人との大きな相異点である。

縦横家たちは、かつて敵とした国に雇われて働くことも珍しくないが、そういう点では現在のプロスポーツの選手や監督に似ているのだ。縦横家の行動はちょっと見には利己主義に見えるが、むしろ近代的な個人主義者の走りだったと見るべきである。

7 農家《のうか》

国民皆兵《かいへい》という言葉があるが、農家の主張は**国民皆農**《かいのう》である。戦争は食糧不足が主たる原因で起き、奪った土地に自国民を送り込んで農業をさせるのだから、君主から庶民にいたる全員が農業に従事して自給自足をすれば戦争はなくなるという考えである。代表者は許行《きょこう》。孟子は農家の思想を、分業を否定する非現実的な主張であると批判しているが、農家の主張は現在でも支持者が少なくない。現在の「食糧安全保障理論」にもつながっている。

8 陰陽家《いんようか》（「おんようか」とも言う）

鄒衍《すうえん》に代表され、「天」や「天命」を分析的・合理的に説明しようと試みた一派である。キーワードは「陰陽五行《いんようごぎょう》」である。「諸子百家」の主流が文科系的であるのに対して理系の思想と言えるが、当時の知識で森羅万象を説明しようとしているので、現代人の目からみればタダの迷信にしか見えないところが泣き所である。平安時代には日本の貴族社会に根づき、現在でも日本人の日常生活を裏で支えている思想でもある。

陰陽家が説く宇宙は「陰陽」論と「五行」論の二つからなっている。この世のすべては、天地・昼夜・男女といった陰陽二つからなり、陰陽二つの和合と対立が万物を創生するというのが、「陰陽五行説」の基本的な考えである。

「五行」論は、陰陽の働きによって生み出された木《もっ》・火《か》・土《ど》・金《ごん》（＝鉱物）・水《すい》の五つが、「相生《そうせい》」（＝調和）関係にあるか「相克《そうこく》」（＝対抗）関係にあるかによって人間関係や社会情勢が良くもなれば悪くもなるという理論である。五行論は易姓革命と結びつけられて各王朝の交替期には必ず取り上げられるほど広まった。占いにも用いられている。人間関係で面白いのは、水星の年の生まれの人と火星の年の生まれの人は「相克」で相性が悪いのだが、二人の間に木星生まれの人が入ると、水星と木星は「相生」関係、木星と火星も「相生」関係だから物事が上手く進む、というように逃げ道が作られている点だ。

陰陽家は天文家として暦の作成に参加し、星の運行を読む軍師として戦争にも参加している。――われわれが何気なく使っている「青春」という語や、大相撲の土俵屋根の四隅から下がる青赤白黒の房の色も陰陽五行に由来している。

9 名家《めいか》

諸子百家たちはいわば思想の行商人であり、他の思想集団ばかりでなく、自派内のライバルとの論争にも勝ち残らねばならない。そのためにはディベイト能力を磨かねばならないが、公孫竜《こうそんりゅう》に代表される名家はその基礎となる**論理学**派である。論理学といっても、「卵から生まれたヒヨコには毛があるのだから、卵にも毛があるはずだ」と言って相手を煙に巻くのだが、相手をやり込めたり狼狽させるためには名家は必修の学だったのだ。――ほぼ同じ時期にギリシャでも同類の詭弁《きべん》学派が活躍しているのは興味深いところだ。

10 小説家《しょうせつか》と雑家《ざっか》

小説というのは、天下国家について述べる大説に対する言葉である。「小説家」は存在したことは分かっているが、実態は分かっていない。身の回りの小事の改善によって平和を生み出そうとした一派だとも言われるが、そうだとすると、東大総長を務めた茅誠司《かやせいじ》氏（一八九八～一九八八年）が提唱した「小さな親切運動」などは、さしずめ現代版の小説家と言えそうだ。

雑家も、さまざまな寓話や逸話を集めた書物が残されているだけで詳細は分からないが、フランス革命期の百科全書派や日本の明治初期の啓蒙思想家に該当するものと言えそうである。

両者とも大上段にイデオロギーを振りかざすことはせず、観念論をしりぞけ経験や具体的な成果を重んじるアメリカの実用主義《プラグマティズム》の考えに近かったようだ。

雑家は、さまざまな思想をつまみ食いしたものだったとの説もあり、そうだとすると、組み合わせによってはたちまち一〇〇種類ぐらいの数にのぼり、諸子百家という呼び名もあながちオーバーな表現でなくなるわけだ。

さて、以上の諸子百家の思想全体が中国に与えた影響は何であったかというと、この時代以降、中国では特筆すべき思想が生み出されなくなった点にある。始皇帝が始めた思想統制の影響もあったろうが、人類が考えつくあらかたの思想がこの時代に出し尽くされたためである。中国人はそれで満腹状態になったのだ。

中国人は、近世以降にヨーロッパで始まる人間の意識を細分していくような思想には、日本人ほどには興味を示していない。そのため、中国人は思想オンチだと思い込んでかかると、とんだ失敗を招くことになる。中国人にとって思想とは日常生活のただ中にあるものであって、これまで述べてきた諸子百家の思想は中国人の血肉になっているのだ。

中国人は議論好きで理屈っぽいが、それは日本人のように、生活は生活、思想は実生活とは別の学術ジャンルに属するもの、と考えていないからだ。——中国人と交渉をして勝とうと思うなら、前もって諸子百家のすべての思想を総動員して問題点を洗い直しておくくらいの用意周到さが肝心である。さらに付け加えると、中国人の理屈なるものは必ずしも万人が納得できるものではない。当人が本気で信じているものでないことも多い。理屈は、相手を出し抜き、自分の立場を少しでも有利にするための道具であるとみなす名家の思想は、中国では現在も健在なのだ。

三 政治を判断する「絶対基準」が生まれた秦帝国

戦国時代を終わらせた秦帝国時代の特筆事項は、**「中国史上で最も暴虐な支配者は始皇帝である」**という認識を中国人の頭脳にインプットさせたことである。――この中国人の「常識」は、大方の日本人も共有しているだろうが、真実ではないのだ。

始皇帝が暴虐な支配者であったことは間違いないが、商鞅が仕えていた孝公以降の歴代の秦の君主は、他国の君主と比較すれば軒並み暴虐者ぞろいである。ちなみに、秦がれっきとした漢民族であることはDNA調査で確認されている。

秦が他国と異《ちが》っていたのは、戦争における皆殺し戦術だった。捕虜にした敵兵を農耕に使役したり、金品と交換したりするのではなく、首を切る、河に沈めて水死させる、穴に生き埋めにするなど、ひたすら殺しまくっているのだ。秦の刑罰が残酷なことはすでに述べたが、男性器を切り取る宮刑《きゅうけい》が『史記』に盛んに登場するのも秦からである。――始皇帝は、そうした歴代の秦の君主の政策を受け継いでいたに過ぎないのだ。始皇帝の暴政の象徴になっている「焚書坑儒」も李斯が提案したものであり、生き埋めにされた学者の数は始皇帝が帝国を支配していた一〇年間よりも、始皇帝が旅行先で病死した後に二世皇帝が統治していた三年間の方が遥かに多いのだ。しかし、そんな事実にお構いなく、秦にまつわる諸々《もろもろ》の残虐・非道のすべてが始皇帝一人のせいにされているのだ。

秦国の暴政は法家を採用したためとされているが、中国の最西端に位置していた秦が遊牧騎馬民族の風習に染まったのが大きな原因だったろう。遊牧民族同士の戦争は自然の牧草地をめぐって戦われ、牧草地を無人地帯にする皆殺し戦争が当たり前であり、宮刑も遊牧民族の家畜の去勢から生み出されたものだろう。

いずれにしても、秦帝国が崩壊してからわずかの間に、「始皇帝が中国史上でもっとも暴虐な統治者である」という認識が中国人の不動の「常識」となったことは間違いない事実だが、では、それがその後の中国の歴史に及ぼした影響は何だったのだろうか？

最大の影響は、①中国の政治世界の振り子の一方の端にあたる悪政の極限《マクシマム》に**《始皇帝の暴政》**が位置づけられたことである。さらに、②《始皇帝の暴政》が、その後の中国人の政治を判断する際の**絶対基準**になったことである。

それ以前の中国では、悪政のマクシマムは《夏桀《かけつ》・殷紂《いんちゅう》の暴政》であり、対極に位置する善政のマクシマムは《聖王堯舜《せいおうぎょうしゅん》の善政》だった。そして政治を判断する際の絶対基準は《聖王堯舜の善政》

の方だったのだ。――そうした伝統を創り出したのは、孔子や孟子に代表される儒家だった。

ところが記憶に生々しい《始皇帝の暴政》を前に、伝説的な逸話を持つだけの《聖王堯舜の善政》は、あえなく政治の絶対基準の地位を《始皇帝の暴政》に明け渡してしまったのだ。

では、《始皇帝の暴政》が政治状況の判断基準になったことは、いかなる結果をもたらしたのだろうか？――為政者《いせいしゃ》（＝支配者・統治者）側と、被治者《ひちしゃ》（＝支配される者）側の両面から見てみよう。

為政者側……始皇帝以降の政治は基本的に専制政治であり、為政者は秦の始皇帝のような絶対権力を夢見るようになった。とはいえ、始皇帝と同じことをしたのでは王朝の存続が危うくなることも分かったので、始皇帝にギリギリのところまで迫っても、超えようとはしなくなった。――これは《始皇帝の暴政》がそれ以上の暴政の歯止めになったと言えなくもないが、現実にはむしろ《始皇帝の暴政》を超えなければ善政の内だという意識を為政者に与え、権力乱用を容認させる風潮を生み出すようになったのだ。

被治者側……あるべき政治の姿を見失った。現状の政治を建設的に批判するには、儒家がしたようにプラスの極限値である「善政」（＝理想状態）を政治の判断基準にしなければできないことだ。マイナスの極限値である「悪政」を判断基準にしたのでは、せいぜい批判のための批判が関の山で、「まだあれよりはましだ」という消極的支持や、「政治とは所詮《しょせん》こんなものだ」という訳知り顔の逃避、「個人の力では歯が立たない」という諦めしか生み出さない。

日本は明治維新によって近代政治を導入するまでに、鎌倉幕府・室町幕府・徳川幕府と類似する三度の武家政権をへて七〇〇年ほどかかっている。一方、中国は一九一一～一九一二年の辛亥《しんがい》革命で近代政治を導入するまでに、秦帝国の発足から七度の類似した専制王朝をへて二一〇〇年余りも費やしている。両国のこの悠長すぎる繰り返しは、両国民が理想的な政治の姿を独力で思い描けなかったためだが、日本よりも遥かに先を進んでいた中国のあまりにも遅々とした歩みは、《始皇帝の暴政》が政治の判断基準として強力に働いていたためである。

――毛沢東は、始皇帝を高く評価し、「文化大革命」時代には始皇帝は英雄扱いされていた。始皇帝が中国を統一し、郡県制度を作り、度量衡《どりょうこう》を統一したり道路を整備したりしたことが評価されたのだが、いずれも権力を強化するのが目的だった。

習近平《しゅうきんぺい》主席は長大な始皇帝のテレビドラマを制作させ、ネットで「暴君を礼賛する気か！」との批判を浴びている（そうした批判がただちに消去されたのは言うまでもない）。いずれにしても、二〇〇〇年以上も前の人物が歴史上の人物とならずに、いまだに現役の政治の「絶対基準」であり続けているのは、皮肉でなく驚嘆に値する。

四 《面従腹背《めんじゅうふくはい》》精神は中国式処世術

さて、話をあまり先走らせずに、秦帝国時代に戻そう。

現在の歴史学では、秦帝国をそれ以降に続く専制帝国の第一号とみなしているが、見方を変えればそれまでの君主政治の最後を飾る政権でもあったのだ。始皇帝によって、それまでの各国の君主やその血縁は皆殺しにされたり追放されて見る影もなくなり、挙句に秦帝国が亡んだので、それまでの名門「血統」は事実上すべて絶えたのだ。

そこで、中国に新たな意識が芽生えた。そのニュー意識が、農民中心の反乱軍を率いて立ち上がった陳勝《ちんしょう》が叫んだ「王侯将相《おうこうしょうしょう》いづくんぞ種《しゅ》あらんや」というスローガンだった。「王だの貴族だの将軍だの大臣だのと偉そうに言ったところで、もとはと言えば俺たちと変わらないどこの馬の骨とも分からない庶民に過ぎないんだぞ！」という意味である。——これは、墨家が唱えて実現できなかった人間の絶対平等が実現したにも等しい、画期的な意識変革だったのだ。

各地でこの言葉を伝え聞いた野心家たちは、われもわれもと立ち上がり反乱勢力はみる間に膨れ上がった。——最終的には陳勝は天下を取れずに仲間に殺されてしまうが、彼のニュー意識は中国人のDNAにしっかりと組み込まれ、中国人の性格の一部となって現在も脈々と生き続けているのだ。

すなわち、この時期に中国人の特色である二つの意識が出揃ったのだ。

一つは、縦横家の「鶏口牛後」と陳勝のスローガンに象徴される、「上を目ざせ、誰もが天下を取れるのだ！」という①「**独立不羈**《ふき》」の精神である。

もう一つは、《始皇帝の暴政》を状況判断の「絶対基準」にして、「あれよりはましだ」と考えて②「**次善**（＝次悪）**を選択する**」意識である。

同時期に生まれたこの二つの意識は相反するものである。だが、現実主義者である中国人は、自分の現実の意識であるいずれをも否定できなかった。かといって両者を抱えてハムレットのごとく、あれかこれかと悩む道もとらなかった。そこで、中国人が最終的に行きついたのは、両者を抱き合わせて共に生かす道だった。そうして生まれた究極の中国人の精神が、表面は服従するが内心は屈服しないという③《**面従腹背**《めんじゅうふくはい》》精神だったのだ。――この《面従腹背》精神も《始皇帝基準》と対になって二〇〇〇年以上も脈々と生き続けている。

一方、歴代の支配者たちも、「面従」が被治者の処世術であり「腹背」こそが本心であることを百も承知している。そのため為政者は、被治者が政権にどれほどの支持を表明しても締め付けを緩めようとはしないのだ。その結果、被治者の《面従腹背》精神はいっそう強まることになる。この相乗作用によって中国では政治の過酷さも日本の《一〇倍の法則》が成り立つことになり、変化の歩みも遅くなったのだ。

《一〇倍の法則》と、最悪の状態を政治の判断基準にする《始皇帝基準》との相乗作用によって《面従腹背》精神が生じ、この三者が三つ巴になって肥大しているのが、中国の政治や社会の姿である。——言い換えるなら、中国人は日本人には信じられないほど過酷な状況の下に生きているのであり、その忍耐力やしたたかさは、良くも悪くも、これまた日本の《一〇倍の法則》が当てはまるのだ。

悪名高い**人治主義**も、根っこは過酷な政治・社会状況から生み出されている。

中国人は国や政府を信用しない。歴代の為政者も本気で被治者を救済しようなどとは考えてこなかった。となれば、平時でも人々（＝被治者）が生き延びるには地位や財産だけでは不十分である。頼れるのは人だ。まず頼るべきは自分である。自身の**才覚**と**嗅覚**と**勘**を研《と》ぎ澄ますことは基本中の基本であり、生涯続ける鍛錬だ。

次に頼るべきは**血縁**である。中国人の血縁意識の強さは黄河文明の祖先崇拝以来の伝統だが、これも《一〇倍の法則》が成り立ち、まったく初対面の者同士が十代くらい前の先祖が血縁だったと分かった途端に百年の知己のごとく抱き合う場面に出くわすことが稀《まれ》でない。――日本も祖先信仰が強いと言われるが、墓の前で拝むのはせいぜい亡くなった祖父母くらいまでで、それも自分の望みが叶うようにといったことしか祈らない。中国では壊れかけたようなアバラ家に住んでいても、少なくとも七代くらい前の系図が壁に貼り付けてある。

親戚づきあいも、日本では金持ちになると金品をせびられやしないかとつきあいを避けたりするが、中国では金儲けや出世をすれば頼ってきた一族を丸抱えして面倒をみる。仕事を世話し上級のポストに就《つ》けるくらいは当たり前で、それが大物の証拠であり美徳とされるのだ。

次に頼るべきは地縁をともにする友人である。早い時期に一生頼りになる同郷の友人を作ることは、今でも学校生活の最優先課題の一つになっているのだ。

では中国人に過酷な政治を押し付けている元凶とも言える《始皇帝基準》は悪いだけのものかというと、そう単純なわけでもない。福沢諭吉氏は儒教嫌いで中国の政治的な歩みの遅さを批判しているが、個人生活では《始皇帝基準》を利用して成功している。諭吉氏は最初は漢学を教えていたが、これからはオランダ語だと思いついて一から勉強を始めてオランダ語の教授で生活ができるようになった。しかし、これからは英語だと気づくと、オランダ語を捨てて一から英語を学んで成功を収めたのだ。妻子を抱えていた諭吉氏は、方向転換に際して最悪の状態を想定し、それに耐えられると判断した後はシャニムニ突き進んだと述懐している。中国人のバイタリティーと楽天性も、諭吉氏と同様に最悪の《始皇帝基準》を利用することによって生み出されているのだ。

日本人は、中国人が体験している過酷な政治情勢を悲惨・悲劇とみなしがちだが、彼らの方が日本人より**濃い人生**を送っていると見るべきかもしれない。

日本の若者の中には、「腹背」精神を持っているにしては現代の中国の若者たちは大人しすぎると首をひねる者も少なくないが、「モリ・カケ・サクラ事件」で首相の説明を不満とする回答が七〇パーセントに達したというニュースを見ていた中国人留学生は、「日本人は逮捕される危険もないのになぜこんなに大人しいのだ」と、日本人の「面背腹従」ぶりに首をひねっていた。

さて、殷・周・春秋・戦国・秦帝国時代を通しての特筆事項は、①**諸子百家の出現**と、②**「面従腹背」精神の確立**——の二点である。

第二章

前漢・新・後漢時代

〜儒教と道教が成立し、中国式歴史観が確立した〜

前漢・武帝時代（前141-前87）頃の領域図

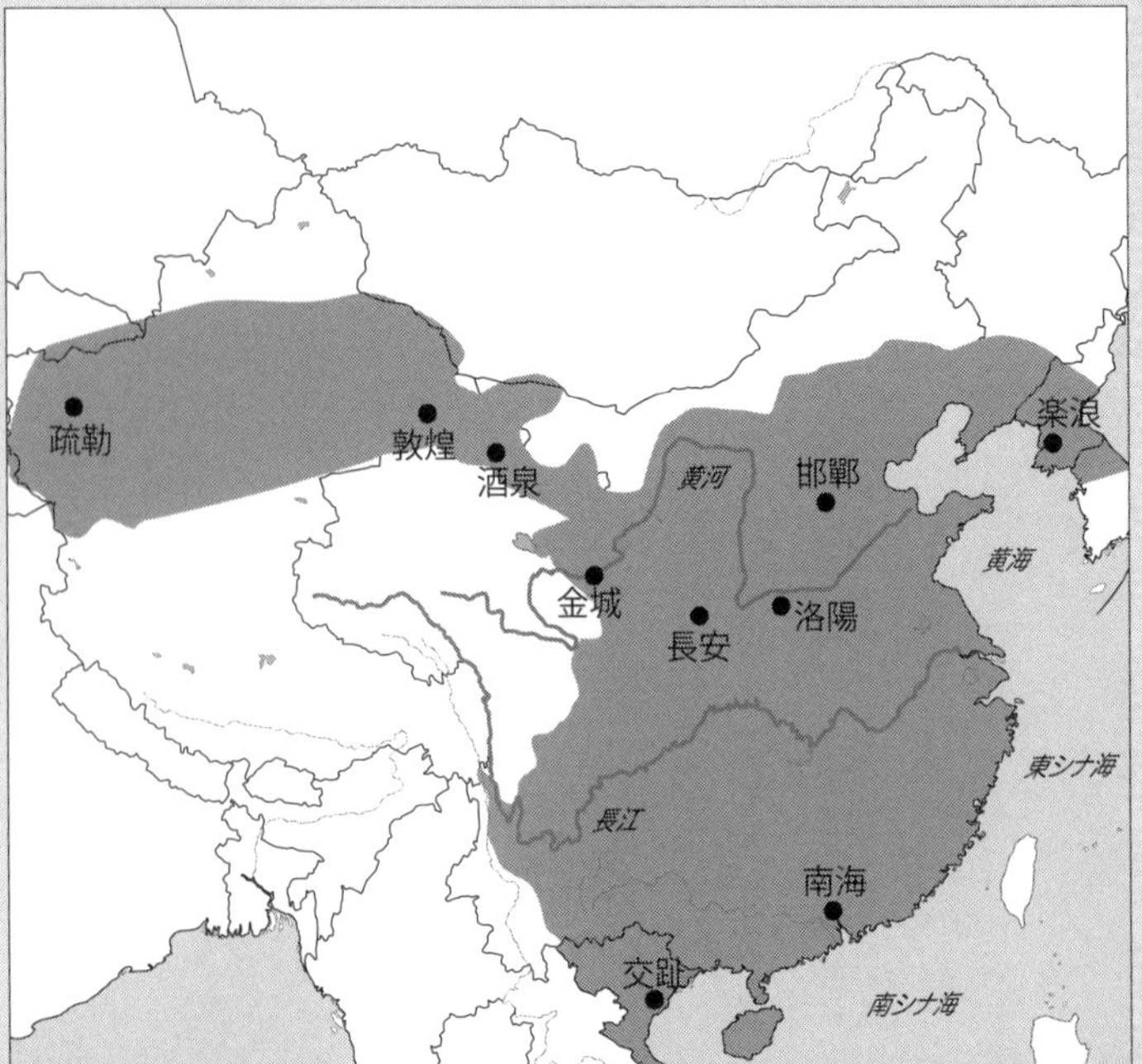

一　漢《かん》王朝を開いた劉邦《りゅうほう》と、呂太后《りょたいこう》の暴走

秦《しん》が亡んだ後、並みいる強敵に打ち勝って天下を統一したのは、長江の最大の支流である漢水流域で秦の下級役人を務めていた劉邦だった。彼は農家の末っ子に生まれ、若い頃は酒屋に入り浸って馬鹿っ話をして時間を潰している女好きの怠け者だったが、不思議と人望があり、自身にはこれといった特技はなかったものの人使いに長《た》けていた。また情勢の好転を待つ才もあり、秀吉と家康を足して二で割ったような人物だったのだ。

彼が務めていた亭長《ていちょう》というのは警察署長のような役職だが、劉邦はお上《かみ》の十手《じって》を預かる二足の草鞋《わらじ》をはいたヤクザのような存在だったのだろう。ともかく彼が漢王朝を開き、死後に高祖《こうそ》と呼ばれることになったのだ。

彼が開いた漢は二一四年間続くが、この間の特筆事項は、①**儒教の成立と国教化**と、②**司馬遷《しばせん》の『史記』の完成**——の二点である。

皇帝に即位した高祖は、秦の弾圧政治と戦乱で荒廃した民衆を手なずけるために緩《ゆる》やかな政策を実施し、その手本にしたのは儒教ではなく「**黄老《こうろう》の教え**」だった。——一九七二～一九七四年

に発掘された「馬王堆漢墓《まおうたいかんぼ》」からは、絹の布に書かれた『黄老書』や『老子道徳経』など多数の古書が発掘され、調査の結果、漢代初期に黄老の教えが広く行き渡っていたことが確認されている。「黄」は伝説の黄帝《こうてい》を「老」は老子を意味し、これが後に「道教」に発展していくことになるのだ。

「黄老の教え」は突然生まれたわけではなく、発端は始皇帝だった。地上におけるあらゆる望みを叶えた始皇帝は不老不死を願うようになり、その噂が広まると、方士《ほうし》と称する術者が各地からやってきたのだ。あらかたは始皇帝から金品を巻き上げるのが目的のイカサマ師だが、彼らは「道家」や「陰陽家《いんようか》」の理論と民間の神仙思想をゴチャ混ぜにしてもっともらしい教えをデッチ上げたのだ。始皇帝は、方士が吹き込む「五行説《ごぎょうせつ》」を信じ込み、秦帝国は水徳が支配する国であるというので、「水」のシンボルカラーである黒で国中を埋め尽くし、軍隊の旗の色から役人や一般庶民の服の色まで黒一色に定め、国民を黔首《けんしゅ》（＝黒い頭）と呼び、水徳の性質は陰であるから刑罰を厳しくすればするほど国が栄えると信じ込んだ。

徐福《じょふく》という人物の「海上に仙人が住む島がある」という言葉を信じて巨額の費用で船を造らせ大勢の少年少女を乗せて出航させたが、徐福はそのまま姿をくらましてしまった。――日本には各地に徐福伝説があるから日本に逃げて来たのかもしれない。ほかにも信頼していた方士に逃げられている。始皇帝が「焚書坑儒《ふんしょこうじゅ》」を実行したのは、自分が騙されていたという怒りからだった。
――ヌケていると言うか、存外お人好しだったのだ。

現実主義者である中国人にとって現世利益《げんぜりやく》が盲点になっており、多くの貴人たちが水銀中毒で死んでいるが、これも方士が不老不死の妙薬として推奨した天然の朱《しゅ》（＝硫化第二水銀）を舐《な》めていたためである。「馬王堆漢墓」から発掘された女性の頭髪からも大量の水銀が検出されている。――今では世界中で製造が禁止されているが、僕が子どもの頃には「赤チン」と称する水銀溶液があり、転んで擦《す》り傷をつくると化膿防止につけたものだが、負傷した兵士に朱をなすると化膿せずに回復したので、古代の人は朱に不老不死のエネルギーがあると思い込んだのだろう。発掘された貴人の皮膚が弾力を残していたのも腐敗菌を水銀が殺していたからなのかもしれない。「陰陽五行」では朱色は生命力や魔除けになるとされ、日本でも寺社の塗装に用いられているのは周知の通りである。

とはいえ、「黄老の教え」にはこんな荒唐無稽な教えばかりでなくマトモな民間医療や統治方法も含まれていたから、民衆にも歓迎された。

高祖が宮廷で政治を始めてみると、家臣たちがあまりにも礼儀知らずなのに驚いた。元はといえば、自分自身をはじめとして全員が遊び人やゴロツキ出身なのだから当然だった。そこで高祖は学者の進言を受け入れて、**儒家を招聘《しょうへい》**し家臣に礼儀作法を学ばせることにしたのだ。孔子の廟《びょう》（＝墓所）を整備し、九代目の子孫を貴族に抜擢したりもしたが、この時には礼儀作法は根づかなかった。高祖でさえ儒家のもったいぶった作法を毛嫌いし、儒者の冠を脱がせて小便を注ぎ込む始末だったのだ。

そうこうするうち、即位の七年後に高祖は亡くなり、皇后だった呂太后の専制が一五年間も続いて礼儀作法どころでなくなってしまったのだ。

権力を握った呂太后が真っ先にしたのは、高祖が生前に寵愛《ちょうあい》していた戚《せき》夫人に報復することだった。呂太后は、戚夫人の両手両足を切り、両眼を抉《えぐ》り、耳の中を焼いて聞こえなくし、薬で咽《のど》をつぶして叫び声も上げられなくし、「人豚」と称して便所に転がしておいた。――それでも生きているほど医学が発展していたわけだ。ちなみに、中国の便所は一階の床より高所にあり、床下に豚を飼い、豚は人間が排泄した糞尿を餌にして育つ仕組みになっている。現在でも田舎に行くと豚は人間の糞尿で育てられている。

呂太后の実子である恵《けい》帝は、ある日偶然にトイレの穴から床下に得体の知れぬ生き物がいるのを発見して事態を知り、震え上がって母親を諫《いさ》めた。ところが呂太后は「そんな気弱で皇帝が務まるか」と意にも介さず、恵帝はウサを晴らすために酒に溺れて早死にしてしまった。呂太后は劉氏一族を斥《しりぞ》けて実家の呂氏一族を次々に主要ポストに就けていったが、そうしたことができたのも、天下を握った高祖が猜疑心を強めて天下取りに尽力した有力家臣を次々に殺し、呂太后の暴走を止められる気骨のある家臣がいなくなっていたためだった。

実子を廃して実権を握り実家に尽くした者としては、日本にも源《みなもとの》頼朝《よりとも》夫人の北条政子《ほうじょうまさこ》がいるが、呂太后は公私にわたり《一〇倍の法則》が中国女性にも当てはまる実例である。

呂太后の死後、太后の一族は亡ぼされて政権は再び劉氏一族に戻った。第五代皇帝に即位し、二三年間の統治を行った文《ぶん》帝は名君の誉れ高く、続く第六代の景《けい》帝もまずまずで、両帝とも「黄老の教え」にそった宥和《ゆうわ》政策を採用して国力の増進を図った。その結果、人口も五〇〇〇万人に達した。

というと、国民は豊かになり、平穏な生活を送れるようになったと思うかもしれないが、そう思うのは無意識に《始皇帝基準》に陥っている証拠であって、「始皇帝の暴政よりは良くなった」というのが実情だった。宥和政策は国民のために行っているのではなく権力維持のために行っているのであり、鉄や塩の専売、人頭税（＝住民税）、財産税、商業税、畜税（＝畜産税）、鉱山や林業・漁業税……など、現在存在するあらかたの税は漢時代の早い時期に出揃っている。ほぼ一生にわたって続く兵役と徭役《ようえき》（＝無賃の労働義務）は大きな負担だった。人口増加対策として妊婦には人頭税を軽減し、土地を持てない農家の次・三男には公田を与えている。――福祉政策のごときこれらの政策を見ると、当時の人々がすべての面で現代人より遅れているなどと考えるのが誤りだと分かる好例だろう。

教育施設もでき、有能な者は役人になれる道も開けたが、これも有力者がコネ人事で強大になるのを阻止するための対策だった。

二　孔子の教えとかけ離れた「儒教《じゅきょう》」の成立

漢王朝が開かれてちょうど六〇年目に即位したのが第七代皇帝の武帝《ぶてい》である。即位した時はわずか一六才だったが、七〇才で亡くなるまで五四年間にわたって君臨した。

武帝（正式には孝武《こうぶ》皇帝）という諡《おくりな》からも推察される通り彼は暴君的な皇帝だったが、その第一歩がそれまでの道家的な宥和政治から儒家的な規律政治への転換だった。どうやら国力が回復したので、もはや国民におもねるような政策をやめて国威《こくい》を発揚《はつよう》しようと張り切ったのだ。その象徴が年号の制定だった。建元《けんげん》というのが年号の始まりで、元号を建てるという意味である。

武帝は、董仲舒《とうちゅうじょ》という学者の意見を採用して孔子の一二代目の子孫、孔安国《こうあんこく》を登用し、『易経《えききょう》』

『書経』『詩経』『礼記《らいき》』『春秋経』を専門に教える五経博士《ごきょうはくし》という官職を設け、官吏養成の太学《たいがく》という学校を造った。「経」というのは古典という意味である。

この時を出発点として体系化されていったのが「**儒教**」である。

儒教は、孔子の教えとはかけ離れているもので、孔子の教えを権力側に都合よく仕立て直したものである。

仕立て直しの手口を示しておこう。

孔子は斉《せい》国の君主から政治のありようを訊《き》かれてこう答えている（『論語』顔淵第一二―一一）。

「君君、臣臣、父父、子子」（君、君たり、臣、臣たり、父、父たり、子、子たり）

君主は君主らしく、家臣は家臣らしく、父親は父親らしく、子どもは子どもらしくすることです。――といった意味である。

まず、これに否定詞の「不」を加える。

「君不君、臣不臣、父不父、子不子」（君、君たらずば、臣、臣たらず。父、父たらずば、子、子たらず）

君主が君主らしくないと、家臣も家臣らしくなくなる。父親が父親らしくなければ、子どもも子どもらしくなくなる。――こう読み替えても、原文の意味を解説しているものとして納得できるだろう。

次に、この解釈が行き渡った段階で、否定詞の「不」の一部を外すのだ。すると、こうなる。

「君不君、臣臣、父不父、子子」（君、君たらずとも、臣、臣たるべし。父、父たらずとも、子、子たるべし）

君主が君主らしくなくても、家臣は家臣らしくすべきである。父親が父親らしくなくても、子どもは子どもらしくすべきだ。――これで、子どもは家庭では家父長制によって育ち、成人後はスンナリと権力者に対する絶対服従を受け入れるようになる。

こうした改竄《かいざん》を積極的に行ったのが孔子の直系の子孫たちだったので、改竄は正統解釈として権威をもって受け入れられていったのだ。

国教とされた儒教は「男尊女卑」思想の定着にも力を貸した。孔子の子孫はご褒美に爵位や領地を与えられ、孔家は王朝が替わっても「天下第一の家」として特別扱いされるようになり、現在も「世界一長い系図」としてギネスブックに載り、記録を更新し続けているのは周知の通りである。

では、武帝はそれほどまでに熱を入れた儒教を信じていたのかというと、そうではなかった。武帝が即位した時には祖母が健在で、この祖母が熱烈な「黄老の教え」の信奉者だったために武帝の試みはことごとく潰された。六年後に祖母が亡くなり、ようやく自分の政策を実現できたのだが、皮肉なことに、武帝はその頃には儒教に飽き、代わって**神仙思想**に興味を持ち始めていたのだ。

武帝は外交では始皇帝以来の中国の天敵ともいえる匈奴《きょうど》を打ち破り、支配領地を最大限に広げて絶対的な権力を掌握したが、世俗の権力を得るのと反比例するように神や仙人に会いたいという思いにこがれ、方士《ほうし》に何度もたぶらかされるようになっていったのだ。黄帝のようになることを夢見た武帝は、黄色の衣をまとい、神を求めて霊山とされる泰山《たいざん》に何度も出かけている。始皇帝は、表は法家、裏では神仙思想にすがる二重生活を送っていたが、武帝は、表は儒教、裏は神仙世界という二重生活を送っていたのだ。

では始皇帝や武帝が二重生活に悩んだり矛盾を感じたのかというと、そんなことはまったくなかった。——というのも中国人の思考構造は日本人と異《ちが》うのだ。

日本人は「建前と本音を使い分ける」と非難されるが、日本人の建前と本音は同一平面上に隣り合って存在しているのでバレやすいだけのことである。中国人や欧米人の本音と建前は**コインの表と裏**に分かれて貼り付けられているので、一方を主張している時には当人にも矛盾するもう一方の面は見えないし、存在に気づかないでいられる。そのため当人は、常に自分は本音を主張しているとと思い込めるのだ。

祖先信仰の強い中国では、世俗的な立身出世や有名になることを望むのは、何ら恥ずべきこととみなされていない。それによって先祖の名を高からしめることにつながるからだ。儒教教育華《はな》やかなりし時代の『仰げば尊し』の歌詞にも「身を立て名をあげ、やよ励めよ」とある通りである。とはいえ、孔子の教えをねじ曲げてまで権力に取り入ろうとする孔子の子孫たちの態度は、大方の日本人の目には褒められた態度には見えないだろう。しかし、この場合も「出世主義」と「祖先崇拝」はコインの表と裏に貼り付いているので、孔安国は悩んだり、自身の行為に疑問を持ったりせずにすんでいるのだ。

三 中国の歴史観の基準となる『史記』の完成

漢時代の特筆事項の二点目も武帝と密接に関連している。

『史記』の著者の司馬遷は、父子二代続いた太史令《たいしれい》という王朝の歴史を記録する官吏だった。ところが司馬遷が在職中に、騎馬民族の匈奴を攻撃していた将軍の李陵《りりょう》が大軍に囲まれて大敗し、降伏して捕虜になるという事件が起きた。怒った武帝は欠席裁判で李陵に死刑を命じ、群臣は武帝に逆らえずに死刑を支持した。そうした中で司馬遷は一人だけ敢然と李陵将軍を弁護したのだ。これに怒った武帝は司馬遷にも死刑を命じた。だが宮刑《きゅうけい》に減刑されて（あるいは当時すでに大金を払ったり、宮刑を受け入れることによって死刑を免れる制度があったともいう）死を免れ、中《ちゅう》書令《しょれい》という皇帝の秘書官の職に就いたのだ。これは武帝に対する敗北に加え、家系を絶やさないことを最高規範とする漢民族の祖先信仰にも反する二重の意味で屈辱的な選択だった。しかし司馬遷は屈辱に打ち勝って『史記』を完成させたのだ。

司馬遷が宮刑にされたのは三〇才代の後半から四〇才代の初めのことで、すでに娘が生まれていた。『史記』は娘の代に回覧されて評判になって、すでに亡くなっていた司馬遷の名を不動のものにすることになったのだ。

中国には司馬遷以前にも、もう一件よく知られた史官に関する話が伝えられていた。

春秋時代の斉《せい》国で、実力家臣の崔杼《さいちょ》が主君の荘公《そうこう》を殺害する事件があった。この時に斉国の史官が、「崔杼が主君を殺害した」と書き記した。怒った崔杼は史官を殺した。すると弟の史官が「崔杼が主君を殺害した」と書き記した。そこで崔杼は弟の史官も殺した。すると、その下の弟の史官も「崔杼が主君を殺害した」と書き記した。それでついに崔杼は史官を殺すのを諦めた。その時には別の史官が「崔杼が主君を殺害した」と書き記した竹簡《ちくかん》（＝竹製の記録具）を持って馳せ参じようとしているところだったが、事実が書き記されたことが分かったので取りやめた（『春秋左伝』―襄公二五年）。

司馬遷も、この四五〇年ほど前に起きた史実を知っていただろうが、こうした史官たちの行為と、司馬遷の行為とによって、中国人にとって史官や歴史書は特別な存在になったのだ。史官は、コインの表も裏も「真実を語る」という一色しか持たない役人であり、史官はそれを誇りとし、権力者もそれを容認したのだ。後の中国では歴史が重んじられ、各王朝は前王朝の歴史を書き記すことが慣例となるが、その際も権力者は介入を控え、資料集めに協力し、作成にあたる史官や学者は勝者が敗者を貶《おとし》める書物にならぬように細心の注意を払うようになった。また中国の心ある皇帝や有力政治家は、自分が歴史にどのように書かれるのかを常に意識して行動するようになったのだ。――僕は、中国人が獲得したこうした歴史観は、掛け値なしに賞讃できる美徳だと思っている。この基準を適用すれば、記録廃棄にいそしむ日本の政治家や官僚は軒並み失格であり、天安門《てんあんもん》事件を無かったことにしようとしている中国政府の中には一人の歴史尊重者も存在していないことになる。

四　儒教を利用して建国し、儒教政策に躓《つまず》いた「新《しん》」王朝

武帝によって儒教が国教とされて一〇〇年余りがたつと、儒教の権威は絶大なものになった。宗教教団や、イデオロギーを掲げた政治集団でも同じことだが、思想集団が成長すると、教養やイデオロギーにどれだけ忠実であるかが人や物事の判断基準になり、忠誠ぶりが競われるようになる。さらには、忠誠を装って権力を握ろうとする者が現われてくる。王莽《おうもう》はその典型だった。

王莽は漢の第一一代皇帝の皇后である王政君《おうせいくん》の甥として生まれた。王政君は、宮廷の女官から幸運によって皇后の座を射止めると同腹や異腹の兄弟たちを高位高官に就けたが、王莽の父親と兄は早死にしたために彼だけは彼女の恩恵にあずかれず、貧乏生活を強いられて伯父や従兄弟たちが贅沢三昧の生活を送っているのを恨めしげに眺めているほかなかった。そこで王莽が思いついたのが、今や揺るぎない権威となっている儒教の利用だったのだ。

王莽は従兄弟たちが遊び呆けている間に真面目に儒教の修得に努め、親孝行ぶりを発揮して評判を高めた。そうした地道な努力が報われて伯母の王政君に認められ、出世の糸口をつかんだのだ。その後は儒教を信奉する忠臣を装って立身出世をし、軍事部門の最高ポストの大司馬《だいしば》となっ

た。だが、そこに到達するまでの手口は甚《はなは》だ反道徳的なものだった。ライバルとなる従弟を讒言《ざんげん》で死に追いやり、私情に捉《と》らわれない清廉潔白な人物であるとの評判を勝ち取るために、事件をデッチ上げて自分の長男や次男を逮捕させ、二人を自殺に追い込んでいる。ところが世間はこうしたやり口にコロリと騙され、王莽の人気は上がる一方だった。王莽は娘を第一四代皇帝の平帝《へい》に嫁《とつ》がせることに成功すると補佐役となり、平帝がわずか一四才で亡くなると、遠縁の二才の子を皇太子の地位に就けて自らは「仮皇帝」と称し、二年後には皇帝を廃して自らが皇帝となって国号を「新」と改めた。平帝は王莽に毒殺されたという説もある。なお、平帝が即位したのが西暦の元年で、「新」は中国の紀元後最初の王朝である。

権力を握った王莽は、**周代の政治制度をそっくり復活**しようとした。これは孔子が周代の政治を理想としていたからだった。王莽は官職の名称や組織も周時代のものに改め、土地を国有化して奴婢《ぬひ》の売買を禁止した。これは奴隷解放宣言のようなものだから現代人の目から見れば肯定されるが、解放された奴婢は無一文で放り出されたので奴婢からも支持されない政策だった。専売制の強化も失敗し、貨幣の改鋳《かいちゅう》にも失敗し、庶民の生活は窮乏して不満は募る一方だった。しかし王莽はそんなことにはお構いなしに、天子の権威を保つためと称して壮大な宮殿を建設し、黄《こう》帝《てい》が一二〇人の美女を囲って神仙となった伝説にあやかり、全国から美人を集めて神仙の悦楽に耽《ふけ》った。

「中国」や「中華」というのは、世界の中心に存在して悠久の歴史を持ち華やかな文化の咲き誇る国という意味であり、「中国」という語は五経の一つの『礼記《らいき》』にも載っている。中国人は古来、中国以外の地は文化程度の著しく劣った未開の地と信じ込んでいた。そこで周辺の異民族には、北狄《はくてき》・南蛮《なんばん》・東夷《とうい》・西戎《せいじゅう》・胡《こ》・匈奴《きょうど》・蒙古《もうこ》などの蔑称を付けた。「東洋」というのも蔑称で、現在でも日本人を東洋鬼《トンヤングェイ》と呼ぶことがある。この強烈な**中華意識**は孔子も持っていた。そこで王莽は『礼記』に「天に二日《にじつ》なく、地に二王なし」と書かれてあるのを根拠にして、異民族に対してそれまでの宥和《ゆうわ》外交を取りやめ、王と名乗るのを禁止した。その結果、怒った異民族の王たちが反乱を起こした。

現実離れした儒教に則した王莽の政策はことごとく躓き、国内では各地で大規模な農民一揆が起きた。その先頭に立ったのは家の生活を守る女性たちだったが、暴動は次第に地方の頭目によって組織化され、農民軍は政府軍と互角に戦えるまでに成長した。農民軍は、一目で政府軍と識別できるように、眉毛に朱色を塗り込み、そこから「赤眉《せきび》」と呼ばれるようになった。――これは赤色の染料を造る原料の茜《あかね》が中国に広く分布する植物だったからである。

王莽は在位一五年で殺されてしまうが、殺される寸前まで「天が私に徳を授けたのだから、農民兵ごときが私を殺せるわけがない」と、孔子が苦難に遇った際に発した言葉を真似て自己暗示を繰り返していたという。儒教を利用しているつもりが、いつの間にか一字一句たがわずに信じ込むようになっていた可能性も否定できない。王莽は各地に教育施設を造って儒教の庶民への普及に尽力していたが、王莽の首は切られて市中に曝《さら》され、群衆はその耳や鼻や舌を削《こそ》ぎ取って食べたというから、庶民の儒教受け入れも《面従腹背《めんじゅうふくはい》》の典型だったわけである。

五　宦官《かんがん》が台頭し、「道教」が生まれた後漢時代

「赤眉」軍は勝利を収めたが、元が農民だから行政や軍政には不慣れでたちまちボロを出し、赤眉と共に戦った漢の血筋である劉秀《りゅうしゅう》の勢力に亡ぼされてしまった。

劉秀は武帝の兄弟の血を引く家柄の生まれだったが、王莽の時代にはすっかり零落していた。当人は眉目秀麗な学究肌で、任侠肌の兄に従って挙兵したのだが、兄が乱の途中で味方のイザコザに巻き込まれて殺されたので、血筋を見込まれて皆に担ぎ出されたのだ。これが後漢《ごかん》の初代皇帝の光武帝《こうぶてい》である。歴史学では、「新」以前の漢王朝を前漢《ぜんかん》、あるいは首都が長安《ちょうあん》にあったので「西漢《せいかん》」と呼び、後漢は光武帝が荒れ果てた長安を嫌って首都を東の洛陽《らくよう》においたので「東漢《とうかん》」

とも呼んでいるが、前漢も後漢も正式な国号は「漢」である。いったん亡んだ王朝が復活したのは、中国の歴史上、これが最初で最後だった。

光武帝は即位すると年号を「建武《けんむ》」としたが、およそ一三〇〇年後の日本で後醍醐天皇が天皇親政を復活しようと年号を建武に改めたのは、光武帝の漢王朝復活にあやかってのことである。

光武帝は王朝を前漢そっくりに復元しようとした。その結果、その後の王朝でも前漢が政治制度の手本となった。官僚を統制するには儒教を用いたが、農民に対しては黄老の教えを用い、疲弊した農村を立て直すために奴隷的農民である奴婢の解放を大々的に命じて自営農民を増やし、租税や労役も軽減した。外交も宥和政策に努め、西暦五七年に日本からの使者に対して「漢の倭《わ》の奴《な》の国王」の金印を授《さず》けたのも和平政策の表われだった。

光武帝の統治は三二年間に及ぶが、彼にはまったく暴君的なところがない、中国史上一、二を競う名君だった。二代目の明帝《めいてい》も、西域外交では強行派だったが内政は引き続き宥和政策を続けた。

後漢は一四代・一九五年間続くが、後漢の特筆事項は、①**宦官の台頭**と、②**道教の誕生**——の二点である。

だがそれを述べる前に、**班固《はんこ》一家**について述べておこう。中国人の歴史観を決定づけた一家の物語である。

事の起こりは、光武帝の下で下級官僚を務めていた父親の班彪《はんひょう》だった。彼はたまたま『史記』を読んで感激し、武帝以降の前漢の歴史を書こうと思い立った。だが班彪は全篇を書き切らないうちに亡くなった。そこで父親の遺志を引き継いだのが息子の班固だった。このあたりは司馬遷と似ている。班固は『両都賦《りょうとふ》』という傑作で知られる詩文の名手だった。ところが書き始めると「班固は漢の歴史をねじ曲げて批判している」と訴えた者がおり、班固は投獄されてしまった。この時に兄を弁護して上申書を書いたのが弟の班超《はんちょう》だった。この上申書を読んだのが二代目皇帝の明帝である。明帝は諡《おくりな》通りの賢明な皇帝で、班固を許したばかりか『漢書』の完成を励ました。こうして班固は再び『漢書』を書き続けることができるようになったのだが、弟の班超は軍人として匈奴征伐に派遣されて駐留地で生活することになった。班超は四二才から七一才で亡くなるまでのほぼ全期間を西域で過ごした。だが彼もただの軍人ではなく、「虎穴《こけつ》に入《い》らずんば虎子《こじ》を得ず」や「水清ければ大魚なし」などの諺《ことわざ》を今日に残している文人肌の人物だった。この班超が西域に留まっている間に明帝が亡くなると、『漢書』を書き続けていた班固はまたもや投獄されて今度は獄死してしまった。この時に未完の著作を引き継いだのが、妹の班昭《はんしょう》だった。――こうして『漢書』は『史記』のおよそ二〇〇年後に完成したが、父子二代の四人と明帝を含めた総勢五人の誰か一人が欠けても完成せず、中国式歴史観の確立もなかったかもしれない。完成された『漢書』はやがて正史と認められて、それ以降、中国では次なる王朝が前王朝の歴史を書くことが公務となり、その際の編纂姿勢や中国人の歴史家に対する尊敬の念が称賛に値するものであることは既に述べた。

中国王朝の正史は二四書あり、これを「二十四史《にじゅうしし》」と言う。二十四史の誕生によって、王朝は交替しても中国は永続した歴史を持つ一つの国であるとの認識も生まれた。――では、二十四史の誕生はすべて良いことずくめで問題点はまったくなかったのかというと、そういうわけでもなかった。弊害を三点挙げておこう。

①正史というのは国定の歴史教科書のようなもので、中国では正史の解釈が唯一絶対で、それ以外の歴史解釈や資料は野史《やし》として軽視ないし無視されるようになった。

②中国は歴史尊重の国であり、中国人の歴史記述は常に公正不偏で誤りのないものであるとの自信と不遜《ふそん》を生み出した。

③『漢書』の完成は、『漢書』が手本にした『史記』を絶対化し、司馬遷の歴史の記述方法を絶対化してしまった。

正史の筆頭に置かれた『史記』の歴史記述は「紀伝体《きでんたい》」と呼ばれる独特のもので、司馬遷が取り上げた人物の伝記や逸話を時代順に並べて歴史の流れが分かるようになっている。一方、五経の一つである歴史書の『春秋経』やわれわれが学校で習う歴史教科書は、時代を軸に主要な出来事を書き連ねる「編年体《へんねんたい》」という形式で書かれている。

紀伝体は、いわば小説が束になっているようなものなのだ。このため真実の伝え方も小説的になる。著者は伝えたいことを重視し、客観的な事実には必ずしも忠実でない。例えば、『史記―項羽本紀《こううほんぎ》』には「項羽がたちまち敵兵一〇〇人を斬り殺した」と書かれているが、こうした誇張は項羽が強かったという真実を伝えるためには許される――というよりも必要不可欠な――描写だとみなされているのだ。「三人を斬り殺し五人に手傷を負わせた」のが事実だったとしても、そう書いたのでは強さが伝わらない、だから「一〇〇人を斬り殺した」とオーバーに書くのが正しいとされるのだ。これは事実重視の歴史観、とりわけ数字の正確さを重視する現代の歴史観から見れば非科学的であるとして否定されてしまう。

さらには、これに中国人の数字に対する特有の感覚が加わるのだ。中国では奇数が偶数の上に位置される。奇数が重なる三月三日、五月五日、七月七日、九月九日は重要な節句として祝われる。「三」は多いという意味でも使われる。孔子の弟子は三〇〇〇人おり、その中に優秀者が七十人いたという『史記』の記述は、多いという形容と奇数信仰の表われである。『史記』では、始皇帝の焚書坑儒で生き埋めにされた儒者は四六〇人だった、秦が初めて殉死を行った時の殉死者は六六人だったと具体的な数が示されているが、偶数はそれ自体でマイナスイメージを与える働きをしている（ちなみに、殉死は野蛮人扱いされている騎馬民族の風習である）。

司馬遷は、秦の歴代の君主が殺した敵兵の数を二一ヶ所で具体的な数字を挙げて記しているが、そのうちの一四ヶ所は、八万、六万、四万五〇〇〇、二万のように、頭の数が偶数である。

数に対する信仰や感覚は文化によって多種多様であり、日本人と中国人の数に対する相異を挙げれば、優に一冊の本ができるだろう。――中国共産党は、一九八九年の天安門事件の死者数を三一九人と公表しているが、これは民間人と軍人と警官の合計の数字であると述べている。この数字がいずれも奇数で出来上がっており、二〇〇人台でも四〇〇人台でもないことは考察するに値する。

古来、中国人にとって**数字は数詞であるよりも第一義的には形容詞であり、何よりも政治用語である**――ことは心得ておくとよいだろう。

さて、**宦官**《かんがん》は西洋人が挙げた中国の三大奇習の筆頭である。男性器を切り取ること自体は古代の世界各地で見られるが、多くは戦勝国が捕虜にした敵兵に対して行い、生き残った者を奴隷として使役している。中国の場合は、罪人を宮刑にしたが、手術後に希望者を後宮《こうきゅう》（＝ハーレム）で働く正式な役人として採用した。しかも、その数が桁違《けたちが》いの数にのぼった。司馬遷が宮刑後に就いた中書令も宦官が務める役職であり、司馬遷もその後半生は宦官だったわけである。

後宮で働く宦官の大多数は後宮の女性に仕えるが、彼女が皇帝の子を産めば宦官は子どもの養育掛りも務める。自分が養育した皇子が皇太子や皇帝になれば絶大な力を持つようになるのだ。そこまでいかなくても、後宮に出入りする商人から上前をはねたり、ワイロを取ったりすることによって、わけなく一財産や二財産を築くことができる。

前漢に武帝が設置した官僚の養成所である太学《たいがく》は、後漢にも引き継がれて儒教の最高学府になっていたが、太学に入学できるのは士大夫《したいふ》階級と呼ばれる日本でいう武士階級の子弟だけで、それ以外の階層の出身者や貧しくて十分な学力を身につけられない者は一生下積みの生活を強いられる。人口過剰な中国では働き口も限られている。そこで、宦官になって後宮を足場に出世をしようと考える者が少なくなかったのだ。彼らは自ら願い出て手術を受けるので自宮宦官《じきゅう》というが、中には自分の手で手術までする文字通りの自宮宦官もいた。あるいは、宦官は金になるので、親が子どもを小さいうちに手術させてしまうことも稀《まれ》でなかった。いずれにしても宦官志望者は求人数を上回っているのが通常だったのだ。

手術は専門医が執刀するが、方法は宮刑と同じである。下腹部の胴と両腿のつけ根の三ヶ所をそれぞれ紐できつく縛って血流を止め、陰茎と陰嚢をまとめて一気に抉《えぐ》り切るのだ。傷口は水で濡らした紙を貼っておくだけ。紙は前漢の中ほどには発明されていた。死亡は、出血過多よりも尿道が塞がって尿毒症になることが原因と分かったので、切除後に尿道を探して銀の棒を差し込んでおく。それによって死亡率は一パーセント以下になったという。宦官を量産できるようになったのだ。

その結果、後漢末期の政治は官僚と宦官の抗争で明け暮れるようになった。宦官が力を持つようになったのは第四代皇帝の和帝《わてい》が自宮宦官の鄭衆《ていしゅう》を信任したのが始まりだった。

宦官の勢力拡大を、エリートを自負する太学出の官僚たちが黙って見ているわけがなかった。「身体髪膚《しんたいはっぷ》これを父母に受《う》く、あえて毀傷《きしょう》せざるは孝の始めなり」（『孝経』）という、身体を傷つけないことを親孝行の基本中の基本と叩き込まれている官僚にとって、性器を切り取って子孫を絶やす行為をした自宮宦官は、儒教に反する憎むべき存在でもあったのだ。

第一一代皇帝の桓帝《かんてい》の末期に、司法官僚が占い師を処刑したことを発端に、「党錮《とうこ》の禁」と称する宦官と官僚との一大抗争が起きた。司法官が処刑した占い師は宦官や皇帝のお気に入りだったのだ。この時、官僚側は太学の学生数だけでも三万人、対する宦官は二千～三千人だったが、皇帝を味方につけた宦官勢力が圧倒的に優勢になった。しかし世論は官僚側を支持し、このため第一二代皇帝の霊帝《れいてい》は捕らえられていた官僚に大赦《たいしゃ》令を出したが、すでにこの時には地方政治はすっかり乱れ切っており、もはや後漢は滅亡の瀬戸際に立たされていたのだ。

首都が権力闘争に明け暮れているのを幸いに、地方の役人たちは農民を搾取して私腹を肥やし、その結果お定まりの農民一揆が各地で起きたが、今回はこれに宗教が絡《から》んだ。その結果、中国の中央部の農民が河北《かほく》(=黄河の北)に向かって大移動を始めたのだ。移動先には張角《ちょうかく》という名の方士がおり、人々の悩みを聞いたり病気を治したりしていた。張角は若い頃は官吏になろうとしたが叶《かな》わず方士になり、黄帝と老子を崇《あが》める「太平道《たいへいどう》」と称する宗教の教祖になったのだ。張角が調合した水を飲み罪を告白すると病人は健康を回復するとされ、その噂が広まると、またたくうちに張角を神と崇める信徒が増え、張角も各地に信徒を派遣して布教に努めた結果、教団は一〇年余りで数十万人の信徒を抱えるまでになった。役人は、初めは農民の不満を逸らしてくれると大目に見ていたが、農民が田畑を捨て財産をなげうち、旅の途中で死んでも悔いない熱狂ぶりを示すのに恐れをなした。そうこうするうちに張角は「蒼天《そうてん》すでに死し、黄天《こうてん》まさに立つべし」という流言飛語を広めて蜂起した。

これは例によって陰陽五行のシンボルカラーの応用で、「蒼天すでに死し」は後漢の滅亡を意味し、「黄天が立つ」というのは、太平道が信仰する黄帝の世になるという意味である。

張角には弟が二人おり、張角は天公《てんこう》将軍、長弟は地公《ちこう》将軍、次弟は人公《じんこう》将軍と名乗って蜂起軍を指揮した。太平道の信徒は黄色い頭巾を頭にまいて戦ったので「黄巾《こうきん》」と呼ばれた。黄色は黄帝のシンボルカラーだが、染料の黄色の原料であるウコンは熱帯産の植物であって高価だったから、資金力もかなりのものだったのだろう。

黄巾軍は一時は優勢になったが、肝心の神様の張角が病死したので、さしもの黄巾軍も一年足らずで政府軍に鎮圧されてしまった。

さて、同じ頃に中国南部の四川《しせん》では、「五斗米道《ごとべいどう》」という新興宗教が農民の間に広まっていた。指導者の張陵《ちょうりょう》も病気を治すと称する方士だった。彼は治療費として患者に五斗（現在の約一升）の米を請求したところから張陵の医術や教えは「五斗米道」と呼ばれて急速に広まった。五斗米道はやがて巨大な宗教団体となって蜂起したが、これも政府軍によって鎮圧されてしまった。しかし教団は「天師道《てんしどう》」と名前を変えて発展し、一時は独立国を創るほどになったのだ。――これは日本の一向一揆や山城の国の自治政府を連想させる。

天師道というのは、張陵が天師と尊称されていたところから名付けられたものだが、教義をつくる過程で道家の思想と陰陽思想と神仙思想の三つが融合し、さらに黄老の教えの民間治療や漢方薬の知識がゴッチャになって、現世利益的な庶民救済の宗教として形づくられたのが「**道教**」である。しかし、道教という名で呼ばれるようになるのは、次の六朝《りくちょう》時代になってからのことである。

儒教は広い意味では孔子を信仰対象とする宗教と言えないこともないが、それよりは孔子が教える政治や道徳を信奉するイデオロギー集団と呼ぶに相応しいものである。これに対して道教は、天師道を基盤に黄帝という信仰対象を持ち、体系的な教義と修行法を備えた宗教として成長していくことになるのだ。道教の修行者である道士《どうし》は、不老長寿や仙人願望を持っている点では「神仙思想」の方士と変わりないが、道士は一段と理論武装された方士だったのだ。

さて、こうして後漢の末期に一般庶民が「易姓革命《えきせいかくめい》」の主役として政治の世界に躍り出たのだ。

後漢はカルトまがいの宗教が広まる一方で、**合理主義**も芽生えた。

後漢初代の光武帝は賢明な皇帝だったが、「讖緯《しんい》」という儒教と陰陽五行を合体させたような予言を信じており、それを諫《いさ》めた家臣を叱りつけている。その光武帝が即位した頃、王充《おうじゅう》という人物が生まれた。彼は『漢書』で有名な班彪に師事して学問を修めたが、何しろ貧乏なので本が買えず、もっぱら本屋の立ち読みで勉強をしていた。その後、下級の官吏になったが三〇代で職を辞して近所の子弟を教えて生計を立てながら『論衡《ろんこう》』という本を書くのに没頭した。「衡」とは竿秤《さおばかり》のことで、題名は物事の軽重を量《はか》るという意味である。

この書で王充は、讖緯説をはじめ陰陽五行説や天命思想を迷信俗説として批判否定したのだ。『論衡』は永い年月をかけて書かれているので論旨は必ずしも首尾一貫したものではないが、合理主義による儒教や神仙思想に対する痛烈な批判ではあった。『論衡』は王充の生存中には公表されず二世紀になって存在が知られるようになるが、たちまち異端の書として否定され、宋代になると儒教を冒瀆《ぼうとく》する書として禁書扱いにされ、正当な評価を受けたのは二〇世紀に入ってからのことである。もしも、『論衡』が書かれた当座に正当に評価されていたならば、その後の中国の歴史は大きく変わっていただろう。しかし『論衡』が書き上げられた時には、すでに儒教や陰陽五行説はインテリたちの間では覆《くつがえ》しようもない常識――というよりも科学として深く根を下ろしていたのだ。そうした点では、王充は早く生まれすぎた思想家というより、遅く生まれすぎた思想家だったと言うべきかもしれない。

第三章

三国・晋・南北朝・隋時代

～「儒教」「道教」「仏教」の三大思想が出揃った！～

三国時代（3世紀）の勢力図

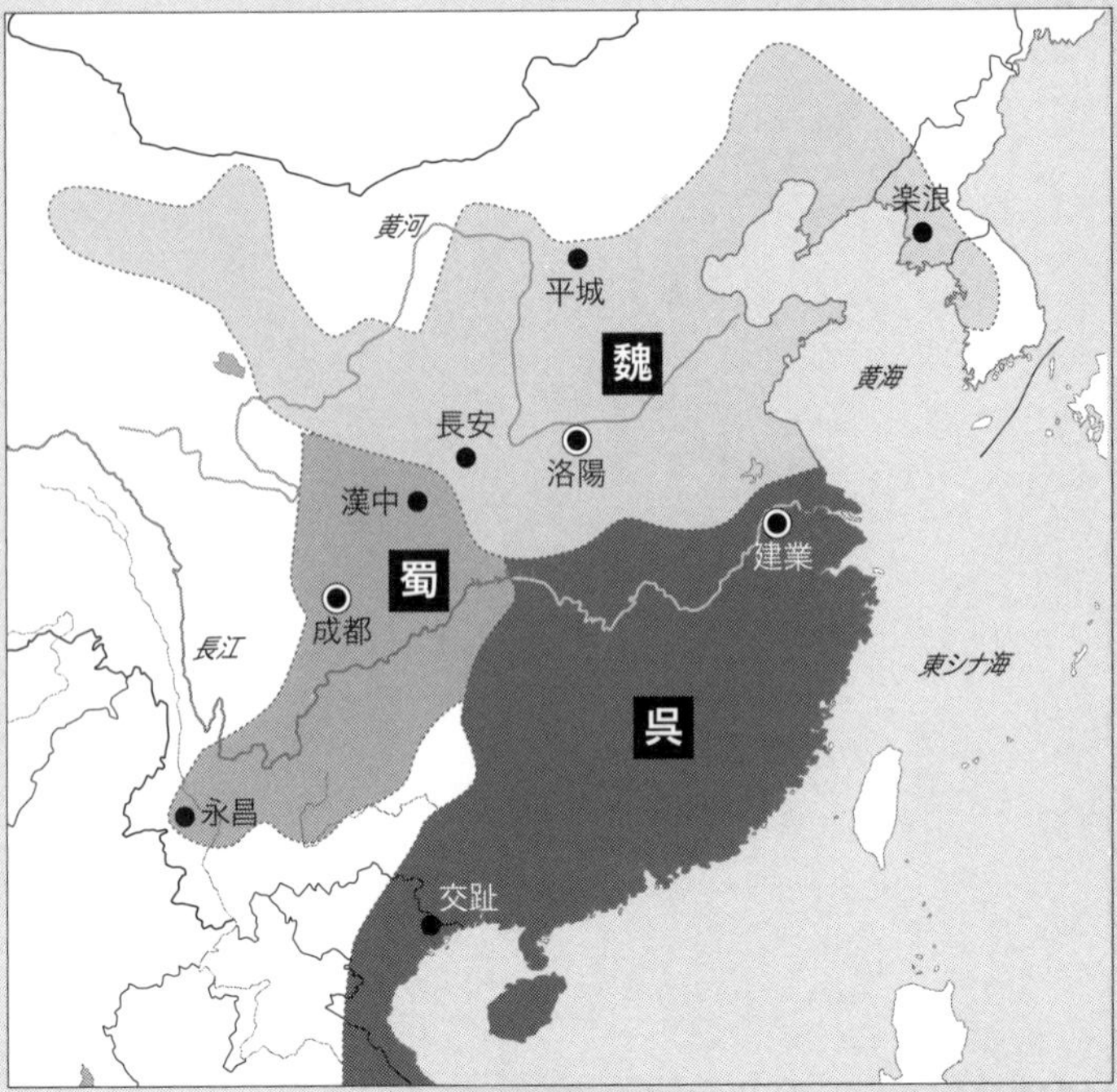

一　乱脈政治からの逃避と儒教道徳への反発で「清談《せいだん》」が流行

地方の乱れをそっちのけにして官僚と宦官《かんがん》が抗争を続けた後漢は、西暦二二〇年に亡んだ。前漢と後漢それぞれ約二〇〇年ずつの合計四〇〇年の統治だった。それから隋《ずい》王朝が全国を統一するまでの約三六〇年の間は再び乱世が続くことになる。つまり、戦国時代末期から秦《しん》帝国の崩壊までの間に培《つちか》われた中国人の気質《きしつ》が強化される、第二幕が始まったのだ。言うまでもなく、強化された特性とは《始皇帝《しこうてい》基準》《面従腹背《めんじゅうふくはい》》《一〇倍の法則》である。

この三六〇年間は性悪説の見本市のような時代だった。飢饉で農民が餓死していると聞いて、「米がないなら、どうして肉の粥《かゆ》を食べないのだ?」と、マリー・アントワネットのような質問をした皇帝がいた。もちろん肉とは餓死者の肉である。グルメが高じて女性の乳を吸わせて飼育した豚で皇帝をもてなした貴族、兄の妃をレイプしたうえに丸裸にして殴打して血のしたたる裸体を絹の袋に詰め込んで生きながら河に投げ込んだ北斉《ほくせい》の皇帝など、淫乱《いんらん》・奢侈《しゃし》・暴虐ぶりを全開させた権力者のサンプルには事欠かない。

この時代の特筆事項は、①**反儒教主義の誕生**と、②**中国仏教の確立**——の二点である。

乱世の始まりを描いた傑作小説『三国志演義』は、実際の歴史の一三〇〇年後に書かれた歴史的フィクションだが、実在の魏《ぎ》の曹操《そうそう》、呉《ご》の孫権《そんけん》、蜀《しょく》の劉備《りゅうび》の三人は、いずれも黄巾《こうきん》の乱を機に政府側に立って歴史に登場してきた人物である。

日本では三人のうち劉備が圧倒的な人気を博しているが、中国では曹操の人気がダントツの一位である。正義正論を唱えても戦争に弱い統治者は民衆にとって迷惑な存在であり、少々悪辣《あくらつ》でも国を安定的に維持する**奸雄《かんゆう》の方がいい**という意識は、三国時代を皮切りにこの三六〇年間に養われたものである。現在でも中国人のリーダーの条件は自分たちを勝ち組にしてくれる者であり、悲劇的最期を遂げた負け組のリーダーが英雄となる日本とは真逆《まぎゃく》である。

曹操は有力な宦官の養子となり、ワイロ攻勢によって軍事の最高地位に就き権謀術数で魏王朝の土台を築き上げたが、同時に詩や文章に優れた才能を発揮した文人でもあった。——この《一〇倍の法則》の見本のような振幅の大きさも中国人が曹操を好む理由の一つである。

曹操の長子は後漢の最後の皇帝を脅《おど》して禅譲《ぜんじょう》の形で帝位を奪って魏王朝を開き、魏王朝の家臣だった司馬炎《しばえん》は魏王朝の皇帝を脅して禅譲の形で晋《しん》王朝を開いた。それが晋の初代皇帝の武帝《ぶてい》で、首都を洛陽《らくよう》においた。三国時代と日本との関わりについて触れると、日本の卑弥呼《ひみこ》が使者を魏に遣《つか》わし「親魏倭王《しんぎわおう》」の金印を与えられたのは、曹操の孫の皇帝の代のことである。

政治の世界で禅譲と称して帝位の強奪が行われていることに嫌気がさしたインテリたちの中から、政府の役人となることを拒否して社会に背を向けて生きようとする一団が生まれた。その代表が、魏の末期から晋（西晋）の初めにかけて誕生した「竹林《ちくりん》の七賢《しちけん》」と呼ばれるグループである。彼らは酒宴を開いて「**清談**」と称する哲学や文芸談議に耽《ふけ》った。

彼らは老子《ろうし》や荘子《そうじ》を師と仰ぎ老荘思想を信奉していたが、形骸化した儒教を否定するための手段として老荘思想を利用していたのであって、道家の思想に新たな意味や解釈を付け加えたわけではなかった。一般庶民が信奉する「道教」とも一線を画していた。

彼らに共通していたのは、人々を縛りつけている儒教道徳に対する強烈な反発だった。大酒呑みであることも共通していたが、酒の力を借りなければ打ち破れないほど儒教道徳が彼らの精神を縛り付けていたのだ。七賢の指導的存在だった阮籍《げんせき》は、名門の家に生まれ、詩文や琴の才能に恵まれて官僚になったが、辞職した後は酒びたりの生活を送り、母親の死に際しても儒教的な礼儀作法をそっちのけにして肉を食らい大酒をあおったかと思うと、悲しみのあまり大量の血を吐いてぶっ倒れたり、見知らぬ娘が死んだと聞いては大声で哭《な》きわめくなどの奇行で知られた。やはり大酒呑みの劉伶《りゅうれい》は、家は人間にとって褌《ふんどし》のようなものだからと家の中では素っ裸で暮らしていた。酒の力を借りた人間解放が彼らの実態であり、感情爆発という点では、ベクトルは正反対だが、欲望を全開させた同時代の暴君たちと似ていたのだ。

竹林の七賢の行動は、乱脈を極める政治に対する反抗というよりも逃避であり、グループで共に行動していた期間も短く、最年少の王戎《おうじゅう》は後に官僚になり大臣にまで出世している。彼は副業に屋敷内にあった良質の李《すもも》を売って大儲けをしたが、李の買い手が栽培できないように種に錐《きり》で穴をあけて売るという用心深さで、およそ老荘の無為自然《むいしぜん》な生き方とはかけ離れた生活ぶりに世間も呆れ返っている。彼も《一〇倍の法則》の典型のような人物だったのだ。

「清談」自体も《一〇倍の法則》の例に洩れない。晋では支配階層がみな清談の流行に染まってしまったのだ。王戎の従弟の王衍《おうえん》にいたっては、老荘を気取った言説や姿によってトントン拍子に出世をして、軍事の最高責任者の地位に就いてしまった。折しも匈奴《きょうど》が首都を目指して押し寄せて来たが、王衍は責任回避を図って逃げ回ったものの結局殺されてしまい、晋王朝は五〇年余りで都を捨てて逃げ出すことになった。この時までに首都は洛陽から長安《ちょうあん》に遷《うつ》されていたが、新首都を建康《けんこう》（現在の南京《ナンキン》）まで移動したので、それ以降の晋王朝を歴史学上では、東晋と呼んでいる。東晋は約一〇〇年間続くが、東晋といっても実質的には南晋というに等しく、華北《かほく》一帯は異民族が次々に国を建て、匈奴系の北魏が西暦四三九年に華北を統一するまでの約一三〇年間は、「五胡十六国《ごこじゅうろっこく》」という群雄割拠の状態に曝《さら》されていたのだ。

二 失業インテリがはまった「道教」と、異民族が取り入れた「仏教」

漢民族の王朝が弱まって最も打撃を受けたのは、出世を目指して儒教を学んできた士大夫階層の子弟だった。せっかく儒教を身につけたのに官吏として採用される口が減ったばかりか、官吏になっても支配領域が狭まり出世もできなくなったのだ。やむなく彼らは詩や書や絵画などの文芸分野に活路を見いだしていった。

西晋から東晋の時代にかけて江南《こうなん》に葛洪《かっこう》という人物がいた。地方官吏の家の出身で、儒教を修めて一時は下級官吏となったが、役人生活に見切りをつけると若い頃より興味のあった神仙世界にのめり込んだ。世に受け入れられずに神仙オタクになったのだ。彼が著したのが『抱朴子《ほうぼくし》』という書である。「抱朴」というのは『老子』に出てくる「物事に誘惑されない」という意味の言葉で、抱朴子というのは葛洪の号《ペンネーム》でもある。この題名からも分かるように彼は道家の信奉者だったが、内容は儒教の説も取り入れた幅広いものだった。葛洪は本気で仙人になるための修行をしたようで、『抱朴子』には仙人になるための修行法といった荒唐無稽なものから、不老長寿のための呼吸法や性生活の技法、医学や錬金術にいたるまでの神仙思想が集大成されており、神仙思想の百科事典の観を呈している。

道教の祖は後漢末の五斗米道《ごとべいどう》（天師道《てんしどう》）の教祖の張陵《ちょうりょう》とされているが、五斗米道は三国時代まで生き残り、いったんは曹操に降伏したものの、その後は失業インテリの間にも浸透し、『抱朴子』の内容なども取り入れて進化していった。

一方、華北を支配していた異民族王朝の中核は、漢代に帰順して華北に定着していた非漢民族だったが、彼らの精神構造もなかなか複雑なものだった。中国文化に対する憧れと反発が入り交じっていたのだ。彼らは西晋を打ち破ると、それまでの漢民族に対する劣等感を優越感に転換させて漢民族をバカにする風潮が生まれた。「悪漢」や「無頼漢」という言葉のように、ロクでもない人間を「漢」で表わすようになったのもその影響だという。

異民族の王朝は中国の王朝を手本にしたが、異民族だけに儒教に対するこだわりは漢民族ほど強くなく、新たに渡来してきた**仏教を積極的に取り入れた**。

とは言っても、異民族の王たちも仏教をすんなり受け入れたわけではなかった。仏陀《ぶっだ》を最高存在として崇拝するのは、独裁者である王の地位を脅《おびや》かしかねない。そこで王は、もっぱら仏教の持つ強固な教団組織や位階制度を統治の手本として利用しようと考えたのだ。

そうこうするうちに、民間人の中にも仏教の教義や教団組織や修行法を利用しようと考える者が出てきた。『抱朴子』を著した葛洪が死んだ頃に生まれた北魏の寇謙之《こうけんし》もその一人だった。ちなみに北魏というのは鮮卑《せんぴ》族の国で、曹操の魏と紛らわしいので歴史学上「北」を付け足しているのであり、正式国号は「魏」である。

寇謙之も神仙オタクで若い頃から仙術修行に励み、嵩山《すうざん》で修行中に太上老君《たいじょうろうくん》から経典を授けられたと称して、北魏の第三代皇帝の太武帝《たいぶてい》に取り入ることに成功した。太上老君というのは、老子を神格化した道教の神である。太武帝の信任を得た寇謙之は、「新天師道」の教祖となり、仏教を手本に道教を体系化し、戒律や修行法を定め、修行の段階に応じて位階制を設け、各地に寺院を造って**道教を一大宗教に育て上げた**。

「道教」とは、自然界と神仙界を融合させた宇宙誕生の教義を持ち、天神《てんしん》を頂点とし黄帝《こうてい》を信仰する多神教の宗教である。儒教が孔子の本来の教えと異なっているように、道教も本来の老子の教えとは一致しない。そもそも道家は、修行や位階制度などを否定しているのだ。道教は仏教と同様に神仙世界や超能力を認めているが、仏教との相違は、仏教が現世否定的で禁欲や戒律を強調するのに対して、道教は現世肯定的で、善を勧めはするが善悪に関してはむしろ融通無碍《ゆうずうむげ》で現《げん》世利益《ぜりやく》的な見返りを期待している点にある。金儲けの方法や健康法、性交の技法までが教義の中に取り込まれている点はヒンズー教に似ている。いずれにしても道教は、純然たる漢民族産ではなかったのだ。

寇謙之は、北魏の政治家で儒者でもある崔浩《さいこう》と手を組んでライバルの仏教を排撃している。彼は八五才の長寿を保ったが、太武帝はこの四五才年長の老道士を信じ込み、自ら「太平真君《たいへいしんくん》」と号して道教を国教にし、廃仏を断行した。しかし、ほどなく寇謙之が死に太武帝が殺されると、次の皇帝の代には道教は廃されて仏教が復活し、雲崗《うんこう》の大石窟に象徴されるように、北魏では仏教がそれまでにないほど熱烈に信仰されるようになったのだ。

とはいえ、寇謙之の労力が無に帰したわけではなかった。やがて次の南北朝時代になると、寇謙之によって体系化された道教は、仏教と共に南下して漢民族に深く根を下ろすことになるのだ。

三 後世の理想像の一つとなった「新しい生き方」

異民族の北魏は、土地を国有化して口分田《くぶんでん》にし農民に貸し与える均田法《きんでんほう》の成功によって着々と力をつけていったが、漢民族の東晋も、未開発だった江南地方を有力貴族たちが開墾して領有し、貴族文化を花開かせた。しかし東晋で力を持てたのは一部の有力貴族や将軍たちだけで、儒教をバックボーンにしたインテリは彼らに取り入るか、文芸によって身を立てるほかなかった。そうして成功したインテリは郊外にささやかな別荘や田園を持ち、俗世間と距離をおいて余暇を楽しむ生活を始めた。東晋の初期を代表する者には書家として有名な王羲之《おうぎし》がおり、東晋の末期を代表する人物には詩人として名高い陶淵明《とうえんめい》がいる。とりわけ陶淵明の生き方は、その後の中国の知識階層にとっての理想像の一つになった。

陶淵明は、東晋の功臣の陶侃《とうかん》を曾祖父に持つ名門の生まれだったが、父親が早死にしたため彼が成長した時には家はすっかり零落していた。そこで陶淵明はあれこれ立身出世の糸口を探ったが上手くいかず、四〇才の時にようやく地方の町の長官になれた。そんなある日、都から視察監がやってくるから正装して丁重に迎えるようにと部下から進言された。訊《き》いてみると、その視察監は同郷出身の若造だった。そこでカッとなった陶淵明は、「あに五斗米《ごとべい》のために腰を折って郷里の小児に向かわんや」（わずかな給与のためにゴマスリ出世のガキにペコペコできるか！）と啖呵《たんか》を切って辞職してしまった。以降は郷里で酒と詩作に耽《ふけ》り、田園で隠遁生活を送って生涯を閉じたのだ。

彼の生き方は、唐代の大詩人の李白《りはく》から夏目漱石にいたる芸術家たちに高く評価され、現在でも理想の一つであり続けているのは周知の通りだが、およそ以下の三点から成っている。

①山林や田園での自然を友とした隠遁生活、②権力に無関心な超俗姿勢、③詩や音楽を趣味と

した悠々自適な精神。

では、誰もが陶淵明のような生活ができるのかと言えば甚《はなは》だ疑問で、そもそも王羲之も陶淵明も名門の出身で、田園生活とはいっても実は広大な農地を持ち、半奴隷的な農民を従えた名士だったのだ。

四 教義の妥協的解釈により、漢民族王朝にも仏教が広まった

東晋は、たび重なるクーデターによって西暦四二〇年に亡び、以降は次々に四つの王朝が入れ替わることになった。これらの漢民族の王朝を歴史学では「南朝」という。異民族の太武帝によって統一された華北も、北魏が亡ぶと幾つかの王朝が入れ替わるが、それらをまとめて「北朝」と呼び、両者を合わせて「南北朝」と称している。南北朝時代はおよそ一五〇年間である。一方、建康（呉の時代は建業《けんぎょう》）を首都にした三国時代の呉・東晋と南朝の四ヶ国に注目して、この約三七〇年間を「六朝時代《りくちょう》」と呼ぶこともある。いずれにしても中国全土がバラバラになっていたのだ。

仏教は南朝にも流れ込んできたが、当初は哲学として扱われ、仏教の「空《くう》」と道家の「無」を

めぐって論争されたりしていたので、権力側は安心していたが、仏教の親や家を捨てて出家するという行為は、儒教の家族主義に反するばかりか統治の根幹を揺るがすので、南朝の皇帝たちも慌て出した。しかし、仏教の僧侶たちが妥協的解説をしてそうした危惧を取り除くと、やがて南朝の皇帝たちの中からも熱烈な仏教帰依者《きえしゃ》が現われた。その結果、後に唐の詩人の杜牧《とぼく》が「南朝《なんちょう》四百八十寺《しひゃくはっしんじ》」と詩に詠むほど、江南地方一帯に仏教寺院が建立《こんりゅう》されるようになったのだ。

仏教の流行によって、漢民族の意識に「死後の世界」という新たな世界が持ち込まれた。これをいち早く取り込んだのは道教で、元来はヒンズー教の神である閻魔《えんま》大王が支配する地獄界を創作している。

五　暴君・煬帝《ようだい》の庇護下で仏教が体制化

隋王朝第二代皇帝の「**煬帝**」という諡《おくりな》は、人民を焼き尽くした皇帝という意味である。

煬帝の生母は異民族の末裔《まつえい》だったから煬帝は純粋な漢人ではないが、父親までは代々の漢民族だったとされている。父親は異民族の王朝である北周《ほくしゅう》に将軍として仕えていたが、禅譲の形で帝位を強奪して隋王朝を建てたのだ。初代帝となった父親は南朝の陳《ちん》を亡ぼして、ついに中国全土を統一した。煬帝は次男だったが、兄から皇太子の地位を奪い取り、煬帝を廃嫡《はいちゃく》しようとした父親を殺して第二代の帝位に就いた。

煬帝は「自分は忠告が大嫌いだ」と公言する暴君の見本のような人物だった。即位すると、首都の洛陽と、洛陽の西南に位置する江都《こうと》に壮大な宮殿を築き、両都を楽に往き来できるように運河を掘らせ、豪華船を建設させた。それぞれの建設には一〇〇万人を超す男女が徴用され、難工事の運河掘削では半数近くが過労死や事故死したが、まったく意に介さなかった。最初の高句麗《こうくり》遠征では四〇〇万人が出征して八～九割が死に大規模な反乱が起こったが、「今にして天下の人民の数は多くない方がよいことが分かった」とうそぶく始末だった。高句麗への第二次遠征も失敗して反乱が起こったが、煬帝は江都に逃れて反乱の鎮圧をそっちのけにして酒色に耽り、ついに家臣たちが謀反を起こして押しかけて来ると、「天子の死には法がある。天子の血が地にこぼれると、どんな禍《わざわい》が起こるかも知れない」と言って、白絹を持ってこさせ、自ら布を首に巻きつけて左右の者に引かせて死んだ。――不老不死を願った始皇帝の上をいっていると言えそうだが、それでも始皇帝が君臨する悪政の《絶対基準》の地位を奪うことはできなかった。煬帝の自身の生命さえ歯牙にかけない態度が、中国人にとっては逆にマイナス点になっているのかもしれない。――聖徳太子はこんな暴君に「日出《い》づる処《ところ》の天子、書を日没《ぼっ》する処の天子に致す。恙《つつが》無きや」と、高句麗遠征の失敗を知った後ならともかく、そのはるか以前に書き送ったのだから、物騒なことをしたものである。

結局、煬帝は父親が営々として築き上げた隋王朝をわずか一四年足らずで潰してしまったが、煬帝がそれほどの勝手放題ができたというのも、南方に押し込められていた漢民族の一般庶民が江南一帯を開拓して経済状態が飛躍的に向上していたからだった。

これほど民衆に恐れられた煬帝だったが、仏教の智者大師《ちしゃだいし》（＝天台大師《てんだい》）には深く帰依した。智者大師という尊号も煬帝が贈ったものである。大師は一八才で出家して南朝の陳国で修行をしていたが、陳が隋王朝に滅ぼされた後は天台山の国清寺《こくせいじ》を拠点に活動していた。国清寺も、大師が夢の中で「寺もし成らば、国清《くにきよ》からん」とのお告げを受けたと聞いた煬帝の命令で建立されたものである。本当にそうしたお告げがあったのか、予言やお告げを信じる煬帝に建設費を出させるための創作だったのかは分からないが、煬帝の庇護の下に、大師はそれまで雑多だった仏教を体系化して国清寺を中国仏教の一大拠点に発展させたのだ。

大師が体系化した仏教は、国清寺があった山の名にちなんで「天台宗」と呼ばれたが、これは宗派の意味ではなく、「天台学」といった意味である。日本にはこの中国化された仏教が輸入されて栄えるが、中国でも日本でも後にさまざまな宗派に分かれるのは、智者大師が定めた経典や修行法のどれを重視するかをめぐっての分裂であり、智者大師自身はそのすべてを学びすべての修行をせよと言っているのだ。

さて、こうして「儒教」「道教」「仏教」の三大思想が勢揃いした段階で、中国の第二の戦国時代とも呼べる三六〇年はようやく幕を下ろしたのだ。

第四章

唐・五代十国時代

～美意識・享楽主義・平等主義が誕生した世界国家から、再び乱世へ～

唐の最大領域図（670年頃）

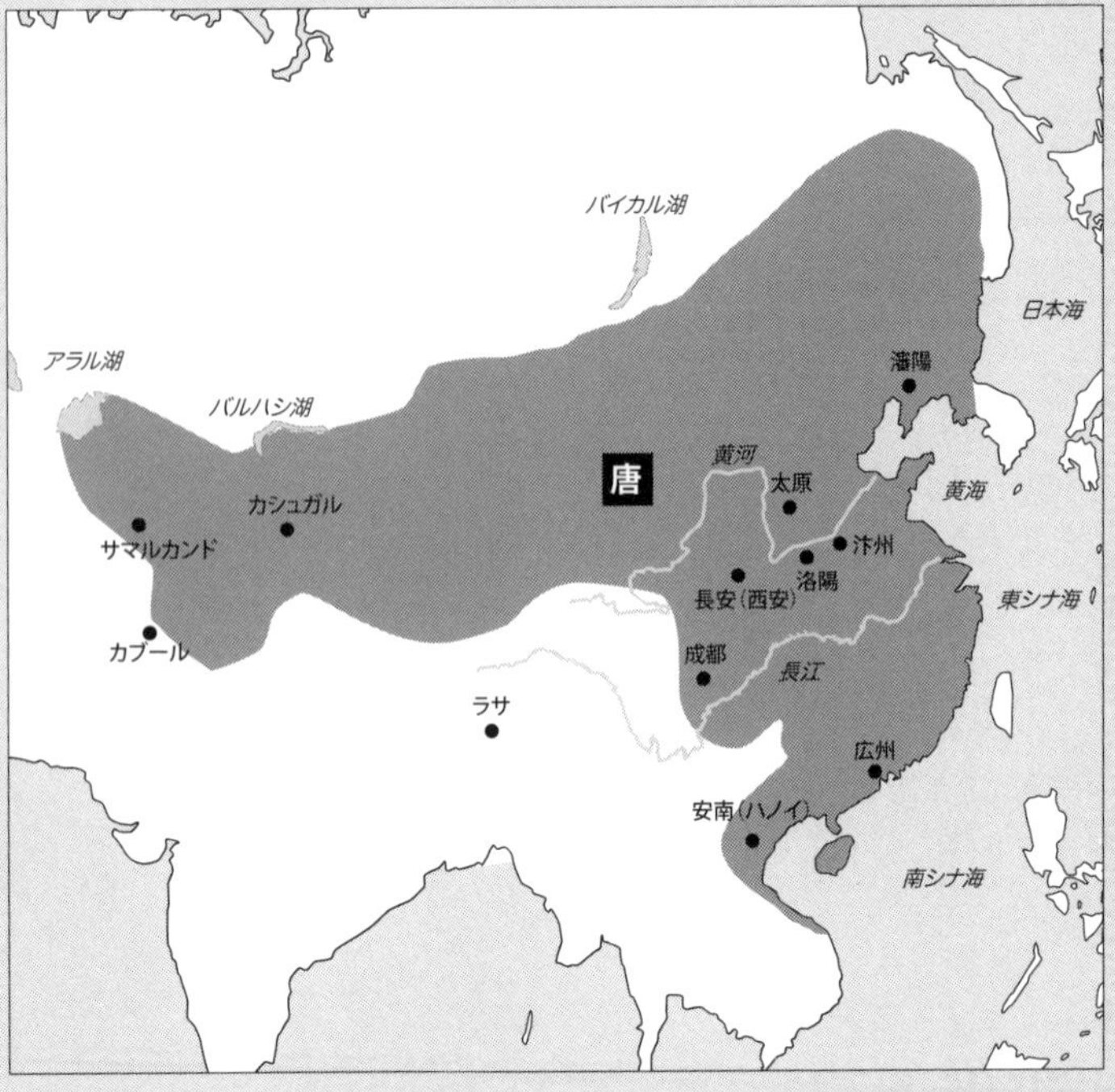

一　唐《とう》王朝の誕生と三大思想の統制

隋《ずい》王朝を倒して唐王朝を建てたのは、隋王朝の高級官僚だった李淵《りえん》の次男の李世民《りせいみん》である。李家の血筋は定かでないが、先祖は異民族だったというのが濃厚である。李淵は律儀だったが気が弱い面があり、隋王朝とは姻戚関係でもあったので、煬帝《ようだい》に対して家臣たちが謀反を起こした時に参加を渋った。ところが策謀家の次男の李世民が父親を巧みに操縦して謀反に参加させ、長安《ちょうあん》を陥落させると父親を初代皇帝として唐王朝を開いたのだ。策謀家の李世民は、その際もいったん煬帝の孫の恭帝《きょうてい》を擁立して恭帝から禅譲《ぜんじょう》される形をとり、後に恭帝を殺害している。

初代皇帝となった高祖《こうそ》（李淵）は、李世民の実の兄である長男を皇太子に指名した。しかし実権を握っているのは李世民だった。そこで長男である皇太子は、四男に当たる弟と結託して李世民に対抗しようとしたが、それを知った李世民は兄と弟を殺してしまった。中国の王朝では母親の異なる異腹の兄弟殺しは珍しくないが、李世民の場合は同腹の兄弟殺しだった。これを知った高祖は、次は父親殺しだと恐れたものか、帝位を李世民に譲り、ここに第二代皇帝の太宗《たいそう》が誕生したのだ。ちなみに高祖はその九年後に七〇才で亡くなっている。

太宗は皇帝となるために数々の反道徳的な行為をしているのだが、帝位に就くと儒教の徳治《とくち》主義を掲げ、孔子に「先聖《せんせい》」や「宣父《せんぷ》」の名を贈り、孔家三二代目の孔穎達《こうえいたつ》を重用して「貞観《じょうがん》の治《ち》」と呼ばれる善政を行った。

その一方で、太宗は唐王朝の先祖は老子であると主張していた。老子の本名は李耳《りじ》であるという説があり、唐王朝も同じ李姓であるところから老子を「聖祖」とデッチ上げたのだ。正統な漢民族王朝であることを強調するためだったろう。その結果、唐王朝では「道先仏後《どうせんぶつご》」といって、儀式では道士《どうし》を僧侶よりも上位に置くようになり、道教はほとんど国教とみなされるようになった。

太宗は、首都の長安に大慈恩寺《だいじおんじ》を建立して仏教も保護し、日本では三蔵法師として知られる玄《げん》奘《じょう》が国禁を犯してインドへ行き仏典を持ち帰ると、罪を許して翻訳の援助までしている。

こうした矛盾した行為も太宗の策略で、「儒教」「道教」「仏教」の三大思想を「三すくみ」の状態にして統制し、統治に利用するためだった。

太宗は官僚を採用する科挙《かきょ》の制度を整備しているが、科挙を最初に導入したのは煬帝だった。科挙の建前は民間の有能な者を登用することだが、本音は有力貴族が重要ポストに就くのを阻止するためと、野心的な若者のエネルギーを削《そ》ぐのが目的だった。太宗は、科挙の合格者が意気揚々と官庁から退出するのを見て、「天下の英雄はすべて我が袋の中に収まった」とホクソ笑んでいる。

太宗の統治は二三年に及び、その間に治安は回復し、均田制《きんでんせい》によって税収も安定し、外征によって支配領域も拡張した。

唐時代の特筆事項は、①**世界国家の実現**と、②**ナショナリズムの誕生**——の二点である。

では、唐王朝はそのまま順調に発展したのかというと、そういうわけにはいかなかったのだ。

二　なぜ則天武后《そくてんぶこう》は仏教を優先させたか？　女帝の誕生と「仏先道後《ぶっせんどうご》」

「則天武后」というのは諡《おくりな》で、現在の中国では「武則天《ぶそくてん》」と呼ばれている。則天武后の父親は材木商人として巨万の富を築いたものの飽きたらず、隋の煬帝の下級武官となり、さらに鞍替えして唐の高祖の部下になり、太宗の代には建設大臣にのし上がったやり手だった。娘も父親ゆずりの野心家で一四才の時に太宗の後宮に入ったが、父親はすでに死んでおり太宗に目をかけられることもなく、太宗が亡くなると子どものいない妃は全員が仏教の尼寺へ送られてしまった。ところが、たまたま尼寺を訪れた三代目の高宗《こうそう》に見初《みそ》められた。それが運の開き目だった。高宗自身も、太宗の第九子として生まれたにもかかわらず皇帝の座を射止めた幸運児だったが、則天武后を見初めたのが不運の始まりだった（二人は太宗の生前に密通していたという説もあり、そうだとすると高宗の自業自得だったことになる）。

いずれにせよ、則天武后は後宮に戻されたのだ。高宗二二才、武后は四才年上の二六才の時だった。その後の則天武后はトントン拍子に出世をしたが、彼女を後押ししたのは高宗の皇后だった。皇后には子がなく、高宗は別の妃を寵愛していたので皇后は則天武后を利用して高宗の気を逸らそうとしたのだ。ところがそれが成功しすぎて、高宗は則天武后を寵愛するようになったのだ。則天武后はほどなく男児を出産した。その時には則天武后の野心は肥大しており、皇后になりたいと願うようになっていた。三年ほどして則天武后は今度は女児を出産した。そこで皇后が見舞いにやって来たが、則天武后は居留守をつかい、皇后が赤子をあやして帰った後、部屋に戻ってわが子を絞め殺した。そうして皇后が殺したかのように騒ぎ立てたのだ。この作戦は図に当たって高宗は皇后を避けるようになり、武后はさらなる攻勢をかけてついに皇后を廃させ、三一才にして皇后の地位を横取りしたのだ。さらに武后は廃された皇后に無実の罪をなすりつけて、杖で百叩きにしたうえに両手両足を切断して酒瓶《さかがめ》に投げ込んで殺してしまった。

皇后となった則天武后は病弱な高宗に代わって次第に政治の実権を握っていった。則天武后が五九才の年に高宗が亡くなると、第四代皇帝となった実の息子の中宗《ちゅうそう》を皇帝の座から追いやり、邪魔だてする李氏一族を殺して、ついに唐王朝を廃して「周」という王朝を開いた。六六才の時である。周王朝は則天武后が八一才で病床に就くまで一五年間続いた。——一五年というのは、始皇帝《しこうてい》・呂太后《りょたいこう》・王莽《おうもう》・煬帝・則天武后と、中国の独裁政治の限界のようだが、中国の歴史上で正式に女帝となったのは則天武后ただ一人である。彼女は、その後に現われる中国の女性権力者にとって《始皇帝基準》と同様の存在になった。「文化大革命」時代に「四人組」の先頭に立って文革を主導した毛沢東《もうたくとう》夫人の江青《こうせい》の頭の中にも、則天武后が居座っていたに違いない。

女帝の出現に当時の官僚たちは度肝を抜かれて抵抗せず、後の歴史家は則天武后の即位を「女《じょ》禍《か》」と非難しているが、儒教の「男尊女卑」意識でガンジガラメにされた時代に女性が最高権力を握るには、ほかにやりようもなかっただろう。王朝を開いた男たちがやった行為と比較すれば、——いずれも褒められたものではないが——似たり寄ったりだったのだ。

則天武后は仏教を優先したが、それには次のような説がある。皇后を殺した時に則天武后はもう一人の妃も同じく惨殺したが、彼女は死ぬ間際に「猫に生まれ変わって祟《たた》ってやる」という呪《のろ》いの言葉を吐いた。それを気にした則天武后は猫を飼うのをやめ、二人がもの凄い形相で夢の中に現われるので長安の宮殿に住むのも嫌って洛陽に住むようになり、死者の霊を鎮《しず》めるために仏教にすがったというのだ。呂太后も晩年はおまじないやお祓《はら》いに凝っている。

真相はともかく、則天武后が仏教を重んじた結果、宮廷の席次も僧侶の永年の夢が叶って「**仏先道後**」に転換され、各州に仏教寺院が建立されて、洛陽には大仏が造営された。――これを真似たのが、日本の各地に残る国分寺と東大寺の大仏である。ほかに日本との関係に触れると、則天武后は新漢字を創作している。大半は彼女の死後に廃止されたが、水戸黄門でお馴染みの徳川光圀《みつくに》の「圀」の字は彼女が「國」に代わる漢字として創ったものである。四角の中に八方と書かれているのは、彼女の権勢が八方に及ぶようにという願いが込められている。新年号を「神授」、首都に定めた洛陽を「神都」、自分を「聖神皇帝」と呼ばせているのにも、周囲の「男尊女卑」意識を打ち破ろうとする必死さが伝わってきはしないだろうか。

三　玄宗《げんそう》皇帝と大国の誕生、独特な美意識の開花

則天武后が亡くなると王朝名も首都も元に戻され、則天武后の実子の中宗《ちゅうそう》が皇帝に返り咲いた。ところが、中宗は在位五年で皇后に毒殺されてしまった。ここでまたもや女帝が出現したならば、中国が世界に先駆けて男女同権を実現させていたかもしれないが、中宗の弟が皇后一派を倒して

第五代皇帝として即位した。しかし彼は二年ほどで息子に帝位を譲り、第六代皇帝として即位したのが則天武后の孫に当たる玄宗皇帝である。武后の死から七年目のことだった。

即位時に二六才だった青年皇帝は儒教を重んじる真面目な性格で、四四年に及んだ統治の前期三〇年間に「開元の治《かいげんのち》」と呼ばれる唐王朝の全盛期を築き上げた。

首都の長安は整備されて一〇〇万人から二〇〇万人に近い人口を抱え、経済はシルクロード貿易によって発展し、街には外国人が行き交い、市場には諸外国の物産があふれ、さながら人と物の国際見本市のようだった。古代ではローマが代表的な国際都市だったが、長安はその規模でローマを上まわっていた。

長安には仏教の寺と道観《どうかん》と呼ばれる道教の寺院はもとより、ゾロアスター教（祆教《けんきょう》＝拝火教）やキリスト教（景教《けいきょう》）、マニ教（明教《めいきょう》）の寺院まであった。

中国人が外国へ行くことは原則として禁じられていたが、外国人は唐の文化を求めて押し寄せ、唐は彼らを悠然と抱え込んだのだ。日本人留学生である阿倍仲麻呂《あべのなかまろ》は中国名を貰って閣僚級のポストに就き、安禄山《あんろくざん》はペルシャ系外国人だったにもかかわらず節度使《せつどし》という一地方の全権を担う重職に就き、しかも主要な三地方の節度使を兼任している。外国人をこれほどの主要ポストに就けるなど現在でも考えられないことだろう。当時の大人気詩人の李白《りはく》も、父親がペルシャ系だったという。玄宗皇帝は科挙の制度を充実させ、試験に作詩が課されるようになると詩は知識階級を中心に空前のブームになった。

この繁栄の基礎を造ったのも、実は第二代皇帝の太宗だった。太宗の統治の間に唐王朝は領土を最大規模に拡張させたが、彼は征服した異民族を弾圧せず、儒教の教えに従って父子・叔甥《おじおい》・兄弟などの家族関係であつかい自治国家としたのだ。その戦略が彼の死後六〇年をへて玄宗の時代に見事に実ったのだ。

もしも、このままの繁栄が続いていたならば、玄宗皇帝の治世は善政の極限値《マクシマム》として政治の《絶対基準》になり、悪政で政治を判断する《始皇帝基準》の歴史を終わらせていたかもしれない。

日本人は、社会が豊かになれば人間も享楽的になるのは当然と考えているが、同時に「満《み》つれば欠ける」が諺になっているように、豊かさが盛りに達したら、あとは必ず衰えるものだとシュンとなって落ち込んでしまう。一方、**中国人の享楽主義**はそんなヤワではない。仏教の無常観に対する反応も日本と中国とでは好対照で、平安時代の日本の歌詠みは無常を感じると隠遁したり出家したりするが、中国の詩人たちは、無常な世の中だからこそ機会を逃さず宴《うたげ》を開いて大いに楽しもうと謳《うた》い上げている。中国人の享楽的人生観は、六朝《りくちょう》時代の貴族文化から生まれ、唐代になって世界国家の自信を背景に一般庶民にも根を下ろし、現在の中国にまで引き継がれているのだ。中国人の享楽主義は、――見方を変えれば――過酷な社会を生き抜くために中国人が身につけた生活の知恵であり、バイタリティーの源なのだ。

青年時代の玄宗皇帝はマザコン的な親孝行者で自らに禁欲主義を課し、真面目一辺倒で善政に励んだ。結果、三〇年かかって振り子を善政の極限値近くまで押し上げることができたが、そこでエネルギー切れを起こして反対の極致に向かって猛烈な勢いで振れ始めた。

晩年の玄宗皇帝は青年期とは別人のように道教にのめり込んだ。

若いうちは儒教に忠実だが中年を過ぎると道教好みになるパターンは前漢の武帝《ぶてい》も同様だったが、そうなる理由は皇帝という地位にもあった。皇帝というと羨《うらや》ましい存在に思えるかもしれないが、主要な役割の一つは王朝存続のための種馬なのだ。そのため皇帝は任務として毎晩後宮の女性を相手にしなければならず、齢をとるに従い精力絶倫を夢見るようになるのだ。そうなると出番は道教である。ちなみに、宮殿には儒教の拝殿と道教の拝殿の二つがあり、皇子たちの知識教育は儒者が担当し、性教育や健康維持教育は道士が担当していた。

道教に凝った玄宗皇帝は、道教の学校を創り、「道士皇帝」と称して自ら『老子』の注釈書を編纂して一家に一冊置くように命じ、儒教よりも道教が国教と呼ぶに相応しい状態になった。

そうこうするうちに玄宗皇帝は最愛の妃を亡くしてウツ状態になった。そこで周囲がさまざまな女性を推薦したが、玄宗はいずれも気に入らなかった。ところが一八番目の息子の寿王《じゅおう》の妃を見初めたのだ。これが後の楊貴妃《ようきひ》である。

楊貴妃は地方官吏の娘に生まれ、一六才で寿王の妃になっていた。息子の妃を奪うというのは儒教道徳では絶対に許されない行為である。そこで玄宗皇帝は彼女を道教の寺に預け、女道士に仕立てて後宮に入れた。こんな便宜を図ってくれたのだから、玄宗が道教にいっそう肩入れするようになったのは言うまでもない。玄宗は楊貴妃のために貴妃という皇后位に次ぐ位を新設して寵愛した。この時、楊貴妃二六才、玄宗は六〇才だった。当時としては、玄宗は後期高齢者であり、楊貴妃は高齢女性である。則天武后にせよ楊貴妃にせよ若くないにもかかわらず寵愛されたのは、彼女たちの魅力が単なる美貌や性的なものだけでなく、皇帝の話し相手や相談役としての才覚を持っていた証拠である。同時に皇帝の孤独のほども窺《うかが》われる。

こうして楊貴妃の一族が抜擢されて羽振りを利かせるようになったので、それに不満と不安を募《つの》らせた節度使の安禄山が、部下の史思明《ししめい》と反乱を起こした。それが**安史の乱**である。それまでの安禄山は玄宗皇帝からも楊貴妃からも寵愛されていたのだ。玄宗皇帝は楊貴妃を連れ、長安を脱出して南に逃れた。しかし、その途中で護衛の軍隊がストライキを起こし、玄宗皇帝は泣く泣く宦官の高力士《こうりきし》の意見を受け入れ、楊貴妃は高力士によって紐で絞め殺されてしまった。
安史の乱は八年ほど続いたが仲間割れによって自滅鎮圧された。唐王朝はその後も歴史学で「中唐」「晩唐」と呼ばれつつ一四〇年間ほど存続するが、さしもの唐王朝も屋台骨はガタガタになっており、玄宗皇帝が統治の前半期に築いた「盛唐《せいとう》」と呼ばれた時代の繁栄を取り戻すことはできなかった。

三七才で殺された楊貴妃は、三九才で自殺したクレオパトラと並んで世界の二大美人とされているが、**中国の美意識**にも独特のものがある。六朝時代までの美人は痩せ形だったが、唐以降は大体において太り気味が美人の条件で、楊貴妃は下ぶくれのお多福《たふく》顔だった。男も太っているのが美男の条件で、安禄山は腹が膝まで垂れていたという。彼はその腹を刺されて死んでいる。なお、それを命じたのは安禄山の実の息子で、一緒に反乱を起こした史思明も長男に殺されている。

中国の三大奇習の一つの「纏足《てんそく》」は、いつ頃から始まったのかは分からないが、社会にしっかりと根をおろしたのは唐代である。纏足は、幼女の足を布で縛り成長を止めて奇形にさせる風習である。発端は足の小さいのが美人の条件とされたところ、例によって《一〇倍の法則》が働き人工的に小さな足を作ろうと思い立ったのだろう。纏足は足が鬱血《うっけつ》するので成人女性はブランコに乗るが、その時裾からチラリと見えた足に惹《ひ》かれて恋愛が始まったりしている。楊貴妃は纏足の足が際立って小さく、二〇センチ四方くらいの床で巧みにステップを踏んで踊れたという。こんな足ではヨチヨチとしか歩けないので一般庶民はしないが、中には男がやって褒められたりもしている。お多福顔は平安時代の日本にも入ってきたが、纏足は宮刑や宦官と同じく、日本には入ってこなかった。

唐代には、絵画や書や陶器においても、いわゆる「唐風」と呼ばれる堂々とした形式が確立されたことは周知の通りである。

四 「落ち目の大国意識」が大国を崩壊へ導く

「大国」というのは、国民や指導者が大国であると意識していないことが肝心であって、無意識のうちに示される大らかさが大国を大国たらしめているのだが、盛唐はまさにそうした時代だった。自国が大国であると意識し出すということは、すでに大国の座から滑り落ちている証拠であり、さらに没落が進むと大国であることを力説する者が現われてくる。

中唐と呼ばれる七〇年間は、いかにして盛唐時代の繁栄を取り戻すかをめぐって官僚が派閥争いに明け暮れた時期だった。その官僚群の一方の旗頭が韓愈《かんゆ》だった。韓愈は刻苦勉励《こっくべんれい》の人で、三才で両親を失い一四才で親代わりだった兄も亡くしたが、兄嫁に養育されて二五才で科挙の試験に合格すると出世街道を邁進《まいしん》した。

韓愈は早くから詩人・文章家として名を知られるようになったが、王朝を超えて継続する中華精神というものを理論化した最初の人である。

各王朝を超えて貫かれる中華精神とは何かを考えた韓愈は、三大思想の中から一番古い儒教を選び取った。そこで表向きは古文復興運動という体裁をとりながら、道教や仏教を非難・排撃していった。それが行きすぎて、ついには、第一一代皇帝の憲宗《けんそう》が仏舎利《ぶっしゃり》（＝仏陀《ブッダ》の遺骨）を宮廷に祀《まつ》ろうとするのを諫《いさ》めて皇帝の怒りを買い、地方に左遷されてしまった。だが、韓愈にとって幸いなことに憲宗が宦官に殺害されて翌年には再び都に返り咲き、以降は五七才で病没するまでの七年間、各省の次官を歴任し、儒教を強化する運動を行った。

韓愈は中国の偉大さを『孟子』や『史記』の記述の中に見出しているが、「偉大さ探し」を始め出したということは、中国が偉大でなくなったという焦りの表われだった。

すでに述べたように、漢民族は古来、自分たちが世界の中心におり人類文化の頂点に立っていると自負する《中華意識》を持っていたが、意識を持ち始めた当時の中国は明らかに周辺諸民族より抜きん出た存在だった。そもそも周辺諸民族は国家という体裁さえなかったのだ。ところが、韓愈の時代は異《ちが》っていた。唐王朝は安史の乱の際にウイグル国に援軍を求め、交換条件として毎年大量の絹を与えていたが、経済が逼迫《ひっぱく》してもこの大盤振る舞いを改めなかった。体面だけは維持しようとする、落ち目の大国意識だったのだ。

内向きの大国意識が国粋主義や排外主義を生み出すことは、いずれの国の歴史でも珍しいことではないが、内政の立て直しに失敗した唐では、一五代皇帝の武宗《ぶそう》の時代に廃仏政策となって爆発した。武宗は唐王朝の経済的衰退を仏教勢力が土地や私財を貯め込んでいるせいだとみなし、五〇〇〇寺近い仏教寺院の破壊を命じ、二六万人もの僧侶や尼僧を強制的に還俗《げんぞく》させ、寺院の所有地と小作農民を没収した。弾圧は仏教にとどまらずキリスト教やゾロアスター教にも及び、合わせて三〇〇〇人以上の僧と外国人が追放された。——日本の留学僧の入唐許可も下りにくくなったが、たまたま最後の遣唐使船で入唐していた円仁《えんにん》がこの時期の惨状の記録を残している。

武宗は在位六年で亡くなり、仏教は一六代皇帝の下で復活し、唐王朝もなお六〇年間ほど命脈を保つが、仏教が国家宗教としてかつての勢いを取り戻すことはなかった。

五　平等スローガンの誕生と、五代十国《ごだいじっこく》の興亡

唐の滅亡は後漢の場合とそっくりで、宦官の勢力増大と横暴が原因だった。唐王朝の宮廷内の生活は民間商人から商品を安く買い上げて維持されていたが、買い上げとは名ばかりの略奪同然で、商人泣かせの悪制度だった。それを一手に握っていたのが宦官で、彼らは巨万の富を懐にしていたのだ。

皇帝は一日の大半を後宮で過ごしているが、後宮に出入りできる成人男性は皇帝と皇太子のみで、大臣といえども宦官を通さずには皇帝と連絡できない。これでは官僚が宦官に勝てないのは当然である。晩唐になると、誰を帝位に就けるかの実質的権限まで宦官が握るようになっていたのだ。

その間にも地方では困窮した下級兵士や農民が各地で反乱を起こしていたが、宮廷内では官僚と宦官の抗争が続いて何の手も打てず、反乱は広がる一方だった。その反乱の頭目の一人が黄巣《こうそう》である。黄巣は山東《サントン》の裕福な家に生まれ、官吏を目指して科挙の試験を受けたが合格できず、一八〇度転換して政府が専売を行っている塩を横流しする闇商人になった。たまたま闇商人仲間が

反乱を起こしたのでそれに加わったが、その仲間が戦死し、黄巣がみるみる頭角を現わして頭目に収まったのだ。――野心的な若者のエネルギーを削《そ》ぐはずの科挙の制度が裏目に出たのだ。

黄巣軍は中国全土を荒らし回り、一時は江南一帯を占有するほどになった。そこで再び長安を目指して北上を開始した時に、黄巣が名乗ったのが「天補均平大将軍《てんぽきんぺい》」だった。財産の均等分配を約束するスローガンである。黄巣は政府と結託している特権商人に対する不満からそう名乗ったのだが、これ以降、この**《平等スローガン》**が農民反乱に欠かせないスローガンになっていくのだ。

黄巣の乱は九年に及び黄巣は一時長安を陥落させたが、入城の際に大量の官僚を殺したので政治ができなくなり民心が離れてしまった。その後は部下の裏切りもあり敗走して最期は自害して果てた。

乱は何とか平定されたが、平定の功績で節度使となった朱全忠《しゅぜんちゅう》が帝位を奪い、唐王朝は西暦九〇七年に、二〇代・約三〇〇年の幕を閉じたのだ。

朱全忠は貧農の出身で黄巣の部下だったが、政府側に寝返ったのだ。そんな彼に「完全な忠臣」という意味の「全忠」という名を与えて節度使に抜擢したのだから、唐王朝もヤキが回っていたとしか言いようがない。朱全忠は「梁《りょう》」という王朝を開いたが、安禄山と同じように実の息子に殺され、その後は各地の節度使が独立して、中国は六〇年間ほど「五代十国」と呼ばれる戦乱状態の時代に突入したのだ。

五代十国時代というのは、北方にあった五ヶ国と南方にあった一〇ヶ国の合計一五ヶ国が入り乱れて争った、第三回目の戦国時代だった。それまでの戦国時代に比べれば期間は短いが、一五ヶ国が同じ時期に存在していたわけでないから、この時代を生きた者は一度や二度は亡国の憂き目に遇っていることになる。その間に中国人の性格上の特性も改めて強化されていったのだ。

以上の①**平等スローガンの誕生**と、②**三度目の戦国時代体験**——の二点が、五代十国時代の特筆事項である。

第五章

宋・元時代

～異民族支配に対する屈辱が「憎悪による団結」と「メンツ社会」を生んだ～

宋時代の領域図

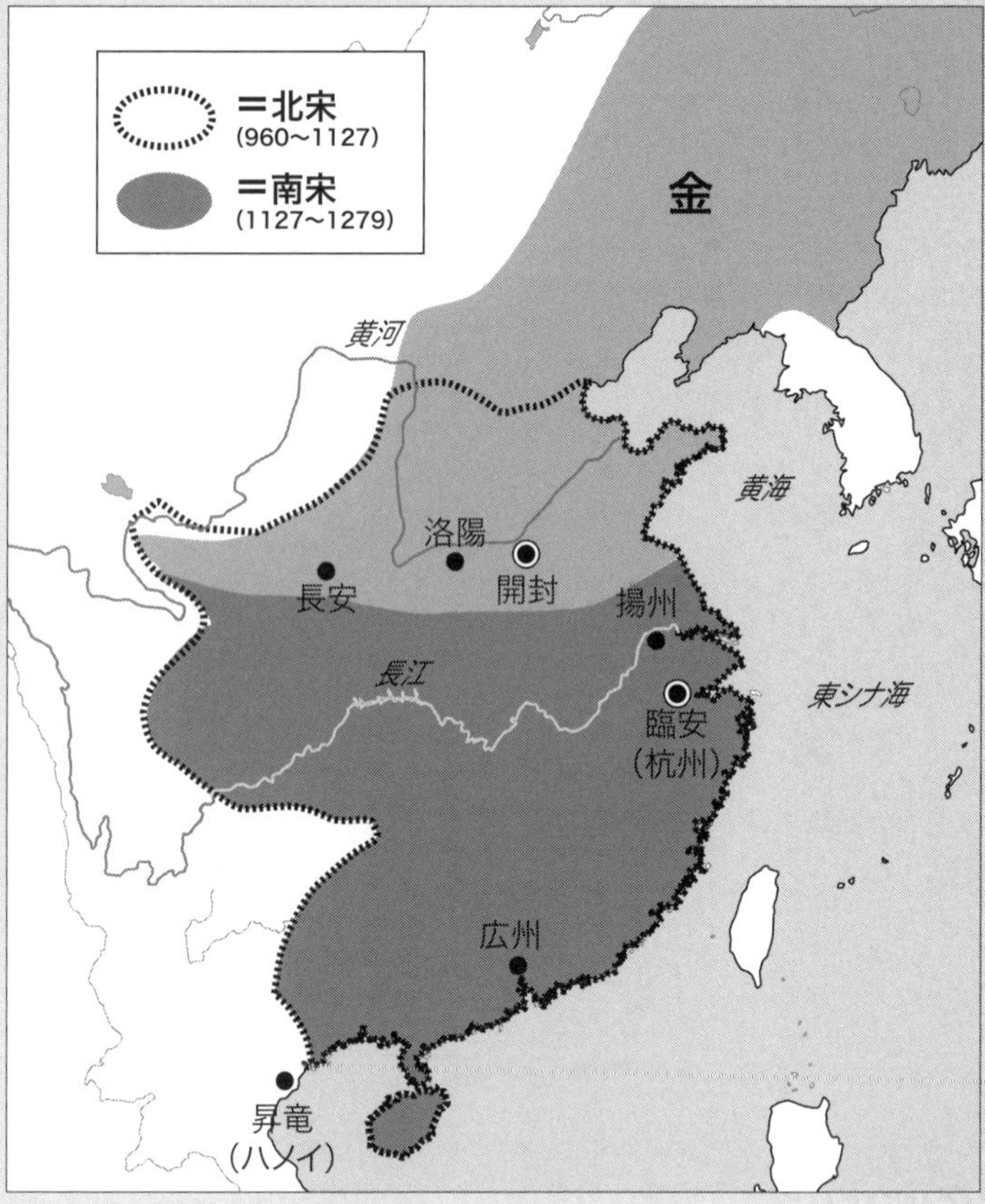

一　現代中国のルーツは宋《そう》時代にあり！

目まぐるしい政権交代の末に天下を取ったのは、「後周《こうしゅう》」の節度使だった趙匡胤《ちょうきょういん》である。宋の初代皇帝、太祖《たいそ》だ。太祖は西暦九六〇年に、汴京《べんけい》（現在の開封《かいほう》）を首都に宋王朝を建てた。それまでの統一王朝の首都は長安《ちょうあん》や洛陽《らくよう》だったが、宋は洛陽よりさらに東に首都を置かざるを得なかったのだ。三都の緯度はほぼ同じだから、それだけ西方の異民族の力が増し、中国の領土は狭《せば》められていたわけである。

宋王朝は、北宋・南宋と合わせて約三〇〇年間続くが、それまでにない画期的な時代だった。一言でいえば、現代中国――ばかりでなく――現代国家のルーツなのだ。

初代の太祖からして、それ以前の支配者と異《ちが》って部下たちの推薦で皇帝になっているのだ。太祖は過去の王朝が貴族・宦官《かんがん》・軍人の横暴によって亡んだことを考慮して、文治政治を大方針とし、宦官の数を五〇人に制限した。盛唐《せいとう》の宮廷では「後宮の華麗三千人」と詩に詠まれているが、宦官も常時三〇〇〇人前後はいたのだ。

太祖は、科挙の試験に「殿試《でんし》」という皇帝自らが試験官となって行う制度を設けた。それまでは地方で行われる受験資格試験と中央で行われる本試験の二本立てだったのを、三本立てにしたのだ。試験は原則として三年に一度で、合格者は太祖の統治の一六年間は一回平均三〇名足らずだった。これによって官僚は皇帝が採用し、皇帝個人に忠誠をつくす親衛隊のような存在になった。軍隊も官僚の統制下に入れ、文民統制にした。――こうして、唐王朝が果たせなかった中央集権の官僚制国家を、世界で初めて誕生させたのだ。

経済もこれまでの国家主導の朝貢《ちょうこう》経済から、民間主導の商業経済へ転換させた。唐の首都の長安は栄えてはいたが、碁盤目状の大通りに面した場所には商店や家の門を造ってはならず、住民は通りに囲まれた「坊《ぼう》」内に居住し、夜は外出禁止で坊門が閉じられるので街は真っ暗でシンと静まり返っていた。灯油や蝋燭《ろうそく》は高価だったから、屋内で夜更けまで宴会を開けるのは、貴族とほんの一握りの特権的な大商人くらいなものだった。

ところが、宋の首都の汴京では、大通りに面して店や家を建てることが許され、警備も緩められ、夜ともなれば現在の大都市と変わらない不夜城のごとき様子を見せるまでになったのだ。印刷術・火薬・羅針盤の中国の三大発明品が実用化されたのも宋代である。紙幣も刷られた。印刷による経文の普及は仏教の民間普及に拍車をかけた。行政組織や法制度も整備され、官僚たちの間には、党派活動や派閥争いの域を出なかったものの政党らしきものも生まれて政策論争が活発になった。それまでは宮廷や一部富裕層の独占物であった絵画や陶芸も、庶民の手に届くようになったのだ。第六代皇帝神宗《しんそう》の信任を受けた王安石《おうあんせき》は、現在のものとさして変わらない学校制度を整えている。近代的な歴史学や政治学も誕生した。

このまま進めば、近代社会は間違いなく中国人の手によって切り開かれていただろう。

二　異民族に敗北を重ねた屈辱の歴史

太祖の統治は一六年間続いた。第二代皇帝となった太宗《たいそう》は太祖の実弟で、兄を皇帝に就けた功労者だったが、太祖が死ぬと皇太子である甥を押しのけて即位し、兄殺しの疑惑までかけられた。その汚名を晴らそうと思ったものか、太宗はかねて北方の異民族の「遼《りょう》」（＝契丹《きったん》）に奪われていた燕雲《えんうん》十六州を奪い返そうと遼を攻めた。ところが、敗北して逆に遼の侵入を許してしまったのだ。やむなく三代目の真宗《しんそう》は遼と和睦をして兄弟の交際をすることにし、名目上の兄貴分にはなれたものの、毎年遼に莫大な銀や絹を贈る、実質的には敗北同然の和睦だった。力を見透かされた宋は、西北に興《おこ》った新興国の「西夏《せいか》」の侵入も許し、第四代皇帝の仁宗《じんそう》はこれを迎え撃ったが敗北し、遼と同じ条件で和睦を余儀なくされた。南方ではベトナムが独立して「大越国《だいえつこく》」を建て、宋王朝はこれも承認せざるを得なかった。ともかく、それ以前の中国の歴史では考えられない敗北続きだったのだ。

太宗の失策が雪だるま式に膨らんだ形だが、戦争に備えて質より量で対応したのも誤算だった。宋王朝の常備軍は一〇〇万を誇っていたが、主力は歩兵で騎馬民族と戦えるものでなかったのだ。しかも兵士の逃亡を防ぐために兵士の顔に刺青《いれずみ》をしたため兵士の社会的地位が下落し、大量の兵卒は金食い虫的な存在になった。このため王安石は新たな税制を施行しようとしたが、反対勢力との泥沼の争いになり内政も分裂状態になった。

こうして第八代目の徽宗《きそう》皇帝の時代を迎えたのだ。徽宗皇帝は、自ら制作した書画を現在に伝えている優れた芸術家だったが、政治や軍略にはまったく不向きな人物だった。その徽宗皇帝のもとに、中国の東北に居住する女真《じょしん》族の「金《きん》」が、遼を挟み撃ちにしようと持ちかけてきたのだ。徽宗は二〇〇年近くも遼に奪われたままの燕雲十六州を奪い返す絶好の機会と考えて、金の申し出を承諾して遼へ攻め込んだ。

この戦いで金軍は遼の軍隊に圧勝したが、宋の軍隊はまったく成果をあげられなかった。それを見て宋王朝を侮《あなど》った金は、遼を亡ぼすと一挙に宋に雪崩《なだ》れ込んできたのだ。慌てた徽宗皇帝は屈辱的な条件で和睦を結んだが、和睦条件を履行《りこう》しなかった。これに怒った金は宋に侵攻して首都の汴京を陥落させると、徽宗および第九代皇帝の欽宗《きんそう》と皇族・官僚三〇〇〇余名、銀四〇〇〇万両、金三〇〇〇万錠《じょう》、絹五四〇〇万疋《ひき》もろとも北方に拉致《らち》したのだ。靖康《せいこう》元年（一一二六年）に起きたので、これを「靖康の変」と呼んでいる。ともかく、漢民族史上、未曽有《みぞう》の大事件だったのだ。

この①**漢民族史上初の大屈辱事件**と、②**朱子学の誕生**――の二点が宋時代の特筆事項である。

大難に際して欽宗皇帝の弟は江南に逃れ、翌一一二七年に臨安《りんあん》（現在の杭州《こうしゅう》）を首都に宋王朝を復活させた。これが南宋である。それ以前の宋を北宋と呼ぶが、共に歴史学上の呼び名で、正式な王朝名は「宋」である。

南宋の初代皇帝の高宗《こうそう》の下では徹底抗戦を叫ぶ将軍の岳飛《がくひ》と、いったん欽宗皇帝と共に北方に拉致されたものの巧みに立ち回って金との和平を説くために送り返されてきた秦檜《しんかい》とが鋭く対立した。岳飛将軍が率いる南宋軍は目覚ましい活躍をして、かつての首都汴京に迫ったのだが、秦檜はニセの詔勅を出して岳飛を臨安に呼び戻し、投獄して毒殺してしまった。岳飛将軍はまだ三九才の若さだった。この結果、翌一一四二年に和平が成立したが、宋王朝は東は淮水《わいすい》から、西は陝西《せんせい》省の大散関《だいさんかん》に至る線を国境とし、金に臣下として仕えることになったのだ。それまでの領土の北半分を失ったわけである。

この間に、北方に拉致されていた徽宗皇帝は抑留先を転々とした末に亡くなった。徽宗自身は政治的野心もなく、兄の皇帝が亡くなったので跡を継いだだけという気の毒な面もあるが、漢民族の類例のない屈辱的な出来事の象徴として記憶されることになるのだ。

三 異民族への敵愾心が、朱子学《しゅしがく》と漢民族至上主義を確立させた！

北宋の皇帝たちは道教好みだったが、なかでも徽宗皇帝は飛び抜けており、自ら教主になって拉致される直前まで道教の祈りを捧げ道士の服装で拉致されたという。このため南宋では道教は面目丸つぶれになり、儒教が重んじられた。

朱熹《しゅき》（＝朱子）が南宋に生まれたのは、「靖康の変」の三年後のことだった。朱子は父親の手ほどきで儒学を学び、一九才で科挙の試験に合格して官僚の道を歩み始めたが、四年間ほど勤めただけで学問に専念するために行政官を辞し、やがて学者として名を知られるようになった。

朱子学というと朱子が創り出したものと思われがちだが、彼の独創部分はほとんどなく、朱子は北宋時代に生まれた儒教の解釈学である「宋学」の集大成者だった。「朱子学」というのは日本式呼び名で、中国では朱子の先駆者の名前と合わせて「程朱学《ていしゅがく》」と呼ばれている。

朱子が何よりも目指したのは、漢民族をイデオロギー武装させるための漢民族至上主義の確立だった。朱子は、「異民族は理の働きが劣っており、人間と物質との中間に位置する存在であり、漢民族だけが人間の頂点に立てる存在である」とまで力説している。――その民族がなぜ異民族に敗北したんだと反論したいところだが、まさにそのクッヤシィー思いが朱子の心情だったのだ。

学者となった朱子は、官僚や政治家がイデオロギー武装するための必読書として「四書五経《ししょごきょう》」（＝『大学』『論語』『孟子』『中庸《ちゅうよう》』と、『易経《えききょう》』『書経』『詩経』『礼記《らいき》』『春秋』）を定め、自ら精力的に注釈を施し、「四書」にいたってはこの順番に読むようにと指定までしている。彼の切羽《せっぱ》詰まった思いが伝わってきそうだ。朱子学は、自信を失いかけている漢民族を叱咤《しった》激励して奮い立たせるための、さしずめ第二次世界大戦中の日本の「国民精神総動員令」に等しいものだったのだ。朱子の「四書五経」解釈もすべてその路線に沿ったものである。

彼が四書の筆頭に挙げた『大学』には、**八条目《はちじょうもく》**と称する「格物《かくぶつ》・致知《ちち》・誠意《せいい》・正心《せいしん》・修身《しゅうしん》・斉家《せいか》・治国《ちこく》・平天下《へいてんか》」という言葉がある。人間の成長過程を八段階に分けたもので、「もの心がついたら周囲を観察し、知識を身につけよ。それができたら自分が何をしたいか思いを定め、その実現に向けて精神を鍛練せよ。それができたら実社会に出よう。実社会で経験を積んだなら結婚をして家庭を築け。家庭を整えられたなら国の政治に参加してみよう。国が無事に治められるようになったなら、天下は自ずと平和になる」といった意味であり、一人一人の人間の力が太平の世の実現につながるという孔子の考えの神髄をまとめた章句である。ところが朱子は、個人の人格を形成するのに最も大切な「誠意・正心」の二条を取り払って六条目にし、「格物致知」と「修身斉家治国平天下」を朱子学の二大スローガンにして、「幼少時は勉学に励め」「成人になったなら家庭を持ち、子を育てて国家に尽くせ」と富国強兵の国家主義にすり替えてしまったのだ。

――「儒教」というのは、孔子の教えを権力側に都合よくねじ曲げたものだと述べたが、朱子学はまさに究極の「儒教」だったのだ。

では彼の思惑は成功したのだろうか？

南宋の初代皇帝の高宗は、秦檜が死ぬと秦檜派の官僚一〇〇人以上を罷免《ひめん》し、第二代皇帝の孝《こう》宗《そう》は岳飛将軍の名誉を回復したが、二人とも金との戦争は望まず、金も南侵を試みたが内部争いで和平に応じ、その後しばらくは両国とも全面戦争をする意思を持たなかった。それというのも、南宋の場合は、皮肉なことに国土の北半分を失ったお陰で経済的に著しく発展したのだ。江南一帯の開発が進み、米の収穫は飛躍的に増大した。それまでの中国は北部だけでは食糧の自給ができず、南部の米を大量に北に送っていたのだが、その必要がなくなったのだ。軍事費が大幅に削減されたのも効果的だった。一方、金は騎馬戦に長《た》けていたが水路が縦横に走る江南一帯の水上戦は苦手で、南進の意図を放棄していたのだ。

第四代皇帝の寧宗《ねいそう》が即位すると、朱子はようやく抜擢されて皇帝の政治顧問になれたが、すでに六四才になっていた。朱子はおそらく、今度こそ南宋が一丸となって失地回復に乗り出すことを期待したに違いない。ところが皇帝の即位早々に政争が起きて、朱子はこれに巻き込まれてわずか四〇日余りで失脚し、主戦論の精神的バックボーンになるはずの朱子学は偽学として禁止されてしまったのだ。四年後に朱子は失意のうちに亡くなり、朱子学が日の目を見るまでには実にその先一〇〇年を待たねばならなかったのだ。

朱子は、日本で浄土宗を開いた法然《ほうねん》や、臨済宗《りんざいしゅう》を広めた栄西《えいさい》や、源頼朝と同時代人である。朱子学は禅宗の僧侶によってさほど時間をおかずに日本に輸入されて広まり、後醍醐天皇による「建武《けんむ》の中興《ちゅうこう》」の理論的支柱になっている。

四　「憎悪による団結」のルーツ・秦檜

政争後の寧宗は、皇后と同族の実力者の韓侂冑《かんたくちゅう》の言いなりになってしまった。朱子の死の七年後、南宋軍は金がモンゴルに攻められている弱みにつけ込んで金を攻撃したが、またもや敗北して和睦を結び、伯父と姪の関係へ追い込まれた。それから約三〇年後、宿敵の金はモンゴルによって亡ぼされたが、金の領地にはモンゴルが居座った。その後の三〇年間ほど、モンゴルは西方平定に明け暮れていたので南宋は安泰だったが、フビライが第五代の大汗《カン》の位に就くと国号を「四書五経」の『易経』の冒頭部分の「大なるかな乾元《けんげん》」から取って「大元《たいげん》」と改め、南侵を開始した。事ここに至っても、南宋の政治家や官僚は主戦派と和平派に分かれて派閥争いを繰り広げ、将軍は戦わずして逃げ帰る者が後を絶たず、西暦一二七九年、ついに南宋は九代・一五〇年で亡んでしまった。

モンゴル軍に追われて海に逃れた家臣は、幼帝を抱いて海中に身を投じ、その様は一〇〇年前に日本で起きた壇ノ浦における平家の滅亡と瓜二つだった。こうして漢民族は史上初めて異民族の支配を受ける身となり、その後九〇年間にわたって元王朝の強圧的な支配に呻吟《しんぎん》することになるのだ。

かくして、本来は現代中国のルーツであるはずの宋王朝は、現在の中国人にとってできることなら歴史から削り取ってしまいたい王朝となったのだ。中国人が宋王朝に向ける怒りは、北宋が亡んでから一九四九年に中華人民共和国が誕生するまでの約八〇〇年間のうちの五〇〇年間を異民族に支配蹂躙《じゅうりん》されたという恨みも含んでいる。中国を弱体化させた元凶が「宋」とみなされているのだ。

この憤懣《ふんまん》やるかたない思いを少しでも軽減しようと漢民族が創り出したのが、①**国民的英雄**と、②**国賊的売国奴**だった。建国や救国の英雄を持っている国は珍しくないが、国民一致の売国奴というのはそうはないだろう。言うまでもなく①は**岳飛将軍**であり、②は**秦檜**である。

岳飛将軍の記念廟は寧宗皇帝の時代に建立され、その後の漢民族の各王朝によって保護されている。現在「岳王廟」を訪ねると、正殿には「精忠報国」の額が掲げられ、岳飛将軍の墓の前には鉄柵に押し込められた秦檜夫婦の鉄像が後ろ手に縛られ、岳飛将軍に向かって頭を垂れて正座している。正座は中国では罪人の座り方である。鉄像の夫婦の背は爛《ただ》れたように錆《さび》をふいているが、これは永年にわたって参詣者が小便や唾を吐きかけたためである。

――北宋の末期に大規模な農民暴動が起きた際に岳飛将軍が鎮圧の主役だったので、後に、中国共産党内で彼を英雄とするか弾圧者とするか議論が沸騰したのだが、国民的英雄とする意見が勝ったのだ。一方、和平を生み出した秦檜は無条件で売国奴とされた。

秦檜に対する憎悪は、「憎悪による団結」という伝統となって現在の中国でも生きている。現《げん》世利益《ぜりやく》追求の強い漢民族は、朱子学のような抽象的なイデオロギーでは一丸とならないが、憎悪を煽られると団結しやすい。同じ手口はほかの独裁国家でも見られることだが、中国の場合、「憎悪による団結」政策によって燃え上がる国民の憎悪は昨日今日《きのうきょう》の分だけにとどまらないのだ。

五　元王朝の支配により「亡国の民《たみ》」となった漢民族

元王朝の開祖フビライ汗（＝世祖《せいそ》）は、チンギス汗の孫である。彼は、国号や年号をはじめ行政機構にいたるまで宋王朝をそっくり真似たが、あらゆる組織のトップにはモンゴル人を就けた。国民は、①「モンゴル人」（約一〇〇万人）、②「色目人《しきもくじん》＝モンゴルに臣従したトルコ・イラン系住民」（約一〇〇万人）、③「漢人＝金の支配地にいた中国人や異民族」（約一〇〇〇万人）、④「南人＝南宋の支配地にいた中国人」（約六〇〇〇万人）の四階級に分断され、一番数の多い南宋の中国人は「蛮子《マンズ》」と侮蔑的な名で呼ばれて徹底的に差別された。チンギス汗の代まで文字さえ持っていなかった異民族に野蛮人呼ばわりされたのだから、中華意識を持つ漢民族の無念と怒りは想像に難くない。

元王朝が信仰していたのは、仏教にチベットの神秘思想を混合させたラマ教で、フビライ汗はラマ教を国教としたので、それをいいことにラマ僧は民家に押し入って略奪をしたり婦女子を強姦したりと横暴の限りを尽くした。それでも帰依《きえ》すれば利益があるだろうと、ラマ教を信仰する中国人も増えた。南宋の首都だった臨安は元王朝の下でも国際貿易都市として栄え、フビライ汗の役人となったマルコ・ポーロも訪れている。ここでも大勢の中国人がキリスト教やイスラム教に改宗している。現実主義的な中国人の面目躍如というべきだろう。——ソクラテスは「大切なのは、ただ生きることでなく、善く生きることだ」と言ったというが、中国人にとっては生きることそれ自体が祖先信仰であって「ただ生きる」などという概念は存在しないのだ。

モンゴル人は多民族支配に長《た》けており、訴訟は比較的公正に処理し、人々がそれぞれの居住地に安住している限りは、被支配民族が独自の信仰や文化を持つことに寛容だった。

フビライ汗は、中国から学ぶべきものは何一つないといった態度で中国文化を無視し続け、宮廷では髪型や服装はモンゴル風で押し通し、官庁の公用語と公用文字はモンゴル語とチンギス汗が制定したパスパ文字に限定して、中国語を学ぼうともしなかった。これも漢民族が初めて味わった屈辱だった。ちなみに、中国人の男性の髪形は伝統的に束髪であり、モンゴル人は横髪を残した辮髪《べんぱつ》である。

とはいえ、二〇〇万人の支配階層が七〇〇〇万人の被支配階層を統治するには人員が不足していた。そこで第四代目の仁宗《じんそう》（南宋の四代目皇帝と同じ諡《おくりな》である）は、科挙の試験を復活して漢人を中・下級役人に取り立てて朱子学を官学に定めた。皮肉なことに、朱子学は異民族の支配の応援をすることになったのだ。

こうした状況下で漢民族が屈辱に耐えるには英雄が必要だった。北宋が亡んだ時に英雄として祭り上げられたのは岳飛将軍だったが、南宋が滅亡した時に誕生した英雄は**文天祥**《ぶんてんしょう》だった。文天祥は二〇才で科挙の試験に首席で合格した有能な官僚だったが、義勇軍を率いて元の軍隊に徹底抗戦をした武人でもあった。最終的には捕らえられて首都の大都《だいと》（現在の北京《ペキン》）に幽閉されたが、フビライ汗は彼の才能を惜しんで家臣となるように再三説得した。しかし文天祥は応じず、南宋滅亡の四年後に四七才で処刑された。彼が獄中で詠《よ》んだ『正気《せいき》の歌』は、朱子学の真髄の忠誠心を歌いあげた長詩で、その後の中国の民族主義のバイブル的な存在になった。

宋・元時代に漢民族のメンツは丸潰れになったわけだが、ここで中国人を語る際に欠かせない「**メンツ（面子）**」について私見を述べておこう。中国人のメンツに対するこだわりを最初に指摘したのは清《しん》王朝時代に中国にやってきたキリスト教の宣教師だが、メンツについて語れば一冊の本ができるほど複雑である。「面子」という言葉自体も、中国ではさまざまな意味に使われている。そこで、ここでは日本人もお馴染みの「体面」や「体裁」の意味でのメンツに限って述べておく。

メンツというのは、①各人が持っている自分に対する評価点と、②その評価点と対応している期待待遇値ないし期待反応値――の二点によって構成されている。自分に対する待遇や相手の反応が期待値より低かった時に、「メンツを潰された」という恥辱感と怒りや恨みの感情が噴出するのだ。

この原理は日本人のメンツでも中国人のメンツでも同様である。では、日本人のメンツと中国人のメンツはどこに相異があるのかと言えば、日本人の場合、①の自分に対する評価点や②期待待遇値や期待反応値も、自分自身が決めるのではなく、自分の外の社会慣習や規範が決めているのだ。このため、幅はあるがそれなりに客観的な数値であるから、初対面の者同士でもどう振舞ったら相手のメンツを立てられるか、逆に潰すことになるかの見当がつきやすいのだ。

ところが中国人の場合は、①の自分に対する評価点も②の相手にもとめる期待待遇値や期待反応値も、本人が決めているのだ。このため、例えば日本人の管理職が立場も経歴もほぼ同じ一〇人の中国人部下にまったく同じ注意をしたとしても、十人十色の反応にさらされてパニックを起こしてしまうことになるのだ。一〇人にプレゼントを贈った場合も、自己評価点や期待値が高い者は「何だこんなものを」とメンツを潰されたと怒り、自己評価点も期待度も低い者はプレゼントが高価だったりすると、「何だ、オレにはこれが買えないと思っているのか」とメンツを潰されたと怒り出すのだ。一〇人が同じものを贈られたと分かると――互いが相手のメンツを探って生活している中国では私的な情報が日本の一〇倍の速さで伝わる――「何だ、あの管理職は手抜きをしやがって」と、これまたメンツを潰されたと一〇人が一斉に怒り出すのだ。中国人は現実主義者なんだから、そんなメンツにこだわるのはおかしい、と言いたいところだが、代わりにメンツの捌《は》け口は徹底して物質的になるのだ。日本人のメンツは上座《かみざ》に座らされるだけで満足するが、中国人のメンツはそんな形式的なものでは満足できない。中国の田舎に行くと、粗末な集落の中に御殿のような家が建っているのを目にすることが珍しくないが、それは故郷に錦を飾って戻って来た者が建てた家なのだ。といっても住んではおらず、年に一度春節の時に戻る程度で、その時には全村民を招いて大盤振る舞いをする。日本人なら俗物根性とバカにされるのがオチだが、それで当人も村民も共にメンツが立つのだ。見せびらかしは非難されない。

自分の評価点や期待する待遇の基準を自分で引き上げることは、身のほど知らずでも虚勢でもなく向上心の一種とみなされる。もちろん、自分が上げた評価点に見合った生活をしようとして経済的に破綻したり、健康を害したりする者も出てくる。結果的にウソを積み重ねることにもなる。そうしたウソを暴くことは、相手のメンツを潰す最も有効な手段となる。日本人の中で相手のメンツを潰してやろうと時間をかけて積極的に行動する者は少ないだろうが、中国ではライバルを蹴落とすための金のかからない初歩的な手口である。

では、いったいこれほどのメンツ社会はいつ頃生み出されたのだろうか？　僕は元時代だったと推測しているのだ。その根拠を述べてみよう。

（1）メンツは他人との比較であり、過密社会の産物である。漢民族は、民族創生以来、人口過密だったが、大量の人口が南部の小領域に押し込まれたのは元時代である。

（2）メンツにまつわる話は戦国時代の逸話にも頻繁に出てくるが、それらは体面や体裁や虚栄という説明で納得できる、日本型の単純なメンツである。

（3）現代中国人のメンツ（＝自己評価点や期待値）は一人一派の混沌としたものだが、見方を変えれば、一人一人が自分の価値観を持っていることであり、そうしたことはそれまでのあらゆる価値基準が一斉に消滅しなければ実現されないことである。――これは、まさに元時代の漢民族社会に押しつけられた状況だったのだ。

フビライ汗が定めた、職業の一〇区分のランクづけで状況を見てみよう。これまで国教として全国民に統一した価値基準を押しつけていた儒教は、「儒者」が九位に位置づけられて権威が失墜した。最下位の一〇位は「乞食」である。仏教の「僧侶」は三位に位置づけられたが、宋時代に国家の保護を受けていた仏教寺院の中には、広大な私有地を持ち高利貸しをして庶民を泣かせていた者もおり、禅宗も禅問答をもてあそぶようになって庶民の尊敬を失っていた。道教の「道士」は四位にランクされているが、道教はもともと共通する価値基準を提供するような教養でなかった。五位の「医師」、六位の「職人」、七位の「猟師」は、価値基準を生み出す側でなく受け入れる側である。八位に位置づけられた「農民」は人口的には最大比率だったが、彼らには北宋末から起きた三度の農民反乱のスローガンである「均産《きんさん》」（＝資産の平等）意識が生きており、既存の価値基準に従順に従う存在でなくなっていた。

南宋の女性たちの間では念仏を唱えていれば救われるという浄土宗が流行していたが、それだけの単純な教義だから寺院での修行や僧侶の説法を聞く必要もなく、信者は「白蓮社《びゃくれんしゃ》」などの民間の施設に集まって念仏を唱えているだけだった。科挙の試験に合格して「官僚」や「下級役人」になった者は職業区分の一位と二位に位置づけられたが、彼らは従来の価値基準では裏切り者であり、彼らも従来の価値を否定せずには生きていられなかった。

こうして「蛮子」とさげすまれた漢民族社会に、それまでに経験したことのない思想の無風状態が訪れたのだ。その結果、狭い領域に職業区分で輪切りにされて押し込まれた漢民族は、史上初めてそれぞれの価値観で自らを規定すると同時に、押し潰されないように最大限に両手両足をツッパって生きる生活様式を身につけたのだ。――と言うよりも身につけざるを得なかったのだ。それが、現代中国のメンツ社会のルーツだったのである。

以上は、あくまでも僕の仮説ではあるが、というわけで、元時代の特筆事項は、①**漢民族初の「亡国の民」体験**と、②**メンツのルーツ**――の二項目である。

第六章

明・清時代

～国家意識の萌芽と、四大反乱から王朝滅亡への道程～

清時代（1616-1912）の領域図

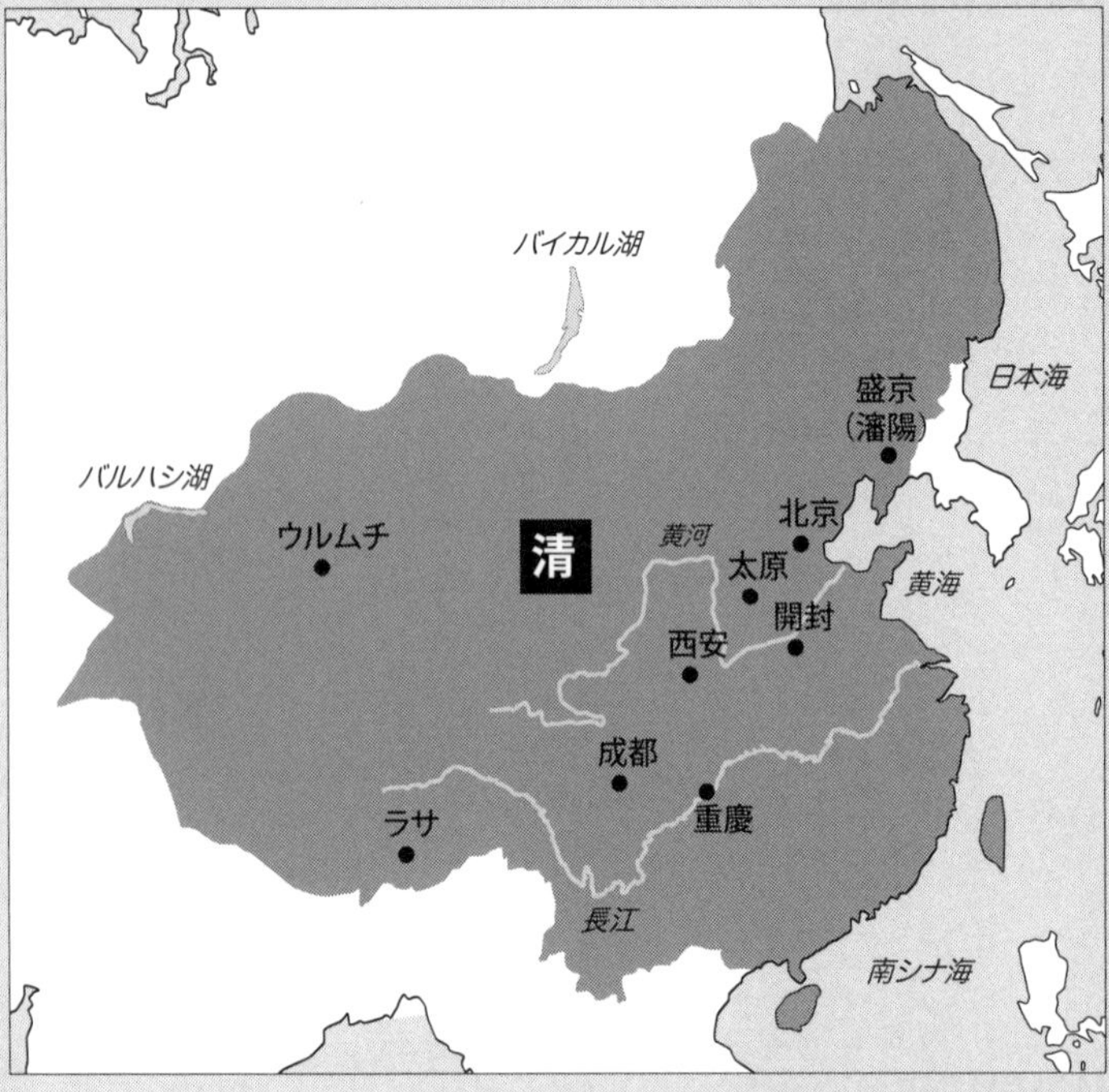

一　漢民族による王朝奪還と、皇帝独裁の恐怖政治

「歴史は繰り返す」という言葉が中国ほど当てはまる国はない。とりわけ明《みん》代と清《しん》代には、それ以前とそっくりな出来事が多発している。

明王朝時代の特筆事項は、①**恐怖政治**と、②**陽明学《ようめいがく》の誕生と西洋科学の流入**——の二点である。

元王朝が亡んだ主因は圧政だが、引き金となったのは打ち続いた旱魃《かんばつ》と蝗害《こうがい》（＝イナゴの異常発生）による大凶作だった。穀倉地帯が壊滅状態になったうえに疫病が流行し、各地で農民暴動が起こり、これに便乗して反政府運動に立ち上がったのが白蓮教徒《びゃくれんきょうと》だった。白蓮教は念仏結社の「白蓮社」の流れを汲んだ宗教で、農民や貧民層を中心に数十万人の信徒を抱えていた。モンゴル政府はしばしば白蓮教を禁じたが、それが裏目に出て秘密結社化されて中国全土に広まったのだ。教義は、身分関係や男女の差別を否定して均産《きんさん》を主張し、間もなくこの世に弥勒菩薩《みろくぼさつ》が現われて人々を救うという予言的なものだった。

白蓮教徒は目印として首に赤い布を巻いて戦ったが、地方で財力を蓄えた商人も加わり、やがて反政府勢力全体が「紅巾軍《こうきん》」と呼ばれるようになった。政府側からの呼び名は「紅巾の賊」で

ある。このあたりの経緯は後漢末の「黄巾の乱《こうきんのらん》」の再演である。乱に乗じて天下を取ったのは明王朝の初代の皇帝となる朱元璋《しゅげんしょう》だった。彼の経歴は二〇〇年後の豊臣秀吉とそっくりである。貧農の出身で、その容貌から「猿」と綽名《あだな》され、ボスの突然の死によって運を開いている。朱元璋が天下を取れたのは、「駆逐韃虜《くちくだつりょ》・回復中華」というスローガンのお陰だった。「韃虜」とは北域の異民族に対する蔑称で、もちろんモンゴルを指している。朱元璋のライバルたちが宋王朝の血筋を売り物にしていたことに比べると、朱元璋のキャッチコピー作りの才能と先見性が光る。

朱元璋は苦労人だけに民衆を味方につける術を心得ており、①人民を殺傷しない、②婦女子に暴行危害を加えない、③人民の家財に手をつけない――という三点を兵に徹底厳守させた。――後に、毛沢東《もうたくとう》がこれを手本にしている。

その一方で、当初は白蓮教や紅巾軍と手を携えて戦っていたのに、力をつけると一転して白蓮教を「妖術妖言《ようじゅつようげん》」と弾圧し、紅巾軍を「妖軍」とののしっている。こうして朱元璋は西暦一三六八年に南京《ナンキン》で即位し、国号を「大明《だいみん》」、年号を「洪武《こうぶ》」と改めた。これ以降、明・清の両王朝では原則として一世一元の制となるが、その手本になっているのは秦《しん》の始皇帝《しこうてい》である。

帝位に就いた太祖《たいそ》洪武帝（＝朱元璋）は、モンゴルの風俗の一掃に乗り出し、辮髪《べんぱつ》を禁じ、モンゴルの服装（胡服《こふく》）の着用や名前も禁じ、公約通り漢民族の文化を回復した。

明王朝は、表面上は朱子学《しゅしがく》を国教とした官僚体制国家だったが、実際は一切の権限を皇帝一人が握り、「錦衣衛《きんいえい》」という皇帝直属の秘密警察がいたるところにスパイを送り込んで権力を支える**恐怖国家**だった。これは始皇帝の政治の再演である。洪武帝は四〇才で帝位に就き、三〇年もの永きにわたって君臨したうえに、齢をとるにしたがって猜疑心を増大させ、謀反事件をデッチ上げては、共に明王朝を築いた功臣やその縁者らを何万人も処刑した。これは漢《かん》の高祖《こうそ》の再演である。

洪武帝は長男の皇太子に先立たれ、孫に当たる皇太孫を即位させるように遺言して跡取りの行く末を案じながら死んだ。こんなところも豊臣秀吉と瓜二つである。

洪武帝が亡くなると、洪武帝の四男が反乱を起こして、甥に当たる新皇帝を殺して帝位に就いた。第三代皇帝の成祖永楽帝《せいそえいらくてい》である。

永楽帝は、首都を南京から大都に遷《うつ》して北京と改名し、紫禁城《しきんじょう》と万里の長城を大改修し、永楽通宝《つうほう》を鋳造し、宦官《かんがん》の鄭和《ていわ》を貿易のために海外に派遣するなど、明王朝を盤石なものにした。

初代の洪武帝は、検地と刀狩りを行って農民の無力化に乗り出し、「六諭《りくゆ》」という教えを村々に配布して厳守させた。「六諭」とは、①親孝行をせよ、②年長者を敬え、③近隣と仲良くせよ、

④子弟を教育せよ、⑤生業に励め、⑥悪事をするな――の六ヶ条から成っている。この単純明快な言い回しにも彼の才が光っている。洪武帝は学校を造り、科挙《かきょ》の制度を復活させ、『四書大全《たいぜん》』や『五経大全』という朱子学の注釈書を作らせて、その解釈によらないと科挙の試験に合格できないようにした。

では、その解釈を身につけて科挙の試験に合格した官僚を大事にしたのかというと、まったく逆で、せっかく難関を突破して官僚になれても毎朝死を覚悟して出仕しなければならなかった。唐代の官僚は皇帝の前で椅子に坐ることを許されていたが、宋代では立たされ、明代では跪《ひざまず》かされた。洪武帝は些細な理由で官僚を処罰し、彼一代の間に殺された官僚は一〇万人を下らなかったという。話半分にしても始皇帝を超えている。

洪武帝は、子どもの頃に寺に預けられたり、白蓮教を信じたりしていたが、帝位に就くと自分の過去に触れられるのを嫌がるようになり、「僧」や「禿《とく》」や「光」という文字の使用を禁止し、違反者を処罰した。禁止文字は次第に増えて、官僚はおちおち文章も書けなくなった。正《まさ》にそれが狙いだったのだが――。

永楽帝も、自身の皇位継承を批判されるのを恐れて儒学者を大勢処刑している。

儒教を信奉する知識階層にとって明時代は、ようやく異民族支配から解放されたと思ったら、一難去ってまた一難の時代だったのだ。

第一一代皇帝の武宗正徳帝《ぶそうしょうとくてい》はラマ教に凝って政務を顧みず、その従兄弟に当たる第一二代皇帝の世宗嘉靖帝《せそうかせいてい》は道教に溺れ、四五年間の在位の末に、不老長寿の薬を飲んで死んでいるのだから《一〇倍の法則》に属する人物である。ちなみに、永楽帝が信任した宦官の鄭和はイスラム教徒だった。

民間では、後に三大奇書と呼ばれる『水滸伝《すいこでん》』『三国志演義』『西遊記』が完成している。これに『金瓶梅《きんぺいばい》』を加えて四大奇書ともいう。これらは、講談のように回を区切って、大道芸として語られて広められていったものである。

中国では、王朝ごとに流行した文芸で王朝の文化を象徴させるが、それは以下のようになっている。

漢史（＝歴史）、唐詩、宋詞（＝韻文）、元曲（＝戯曲）、明清小説。

二　陽明学《ようめいがく》と西洋科学の流入が、知識層に揺さぶりをかけた！

明王朝六代目の英宗《えいそう》は、モンゴル系騎馬民族であるオイラート族を攻撃した。しかし、皇帝自らが先頭に立って指揮したのはいいが、捕虜となって敵軍に拉致されるという三百余年前の宋王朝とそっくりな事件を引き起こした。発生した地名にちなんで「土木《どぼく》の変」と呼ばれている。この時は交渉によって皇帝は一年後に無事に帰還できたものの、王朝の面目は丸潰れで屋台骨が早くも揺らぎ出したのだ。

王守仁《おうしゅじん》(=王陽明《おうようめい》)が生まれたのは、この変の約二〇年後のことである(陽明というのは王陽明が晩年に学問を講じた陽明堂に由来する号だが、本書は王陽明で通す)。

王陽明が活躍したのは宗教狂いの武宗や世宗の時代で、日本でいえば応仁の乱が終わって戦国時代が始まった頃である。陽明は身分の高い官僚の家に生まれ、科挙の試験を受けるために朱子学を学んだ。父親は首席で科挙の試験に合格し、子どもに「守仁」(=仁を守る)と名付けるくらいだから、少年期の陽明が受けたプレッシャーはかなりのものだったろう。

生真面目な陽明は朱子学を一字一句信じ込み、万物に「理」が内在していると教わると、「理」がどこにあるのか見究めようと竹を眺め続けてノイローゼになるほどだった。

ノイローゼ状態になって初めて朱子学に疑問を懐《いだ》いた陽明は、道教や仏教に目を向けたが、道教は不老長寿など迷信俗説が多いので斥《しりぞ》け、座禅は理を求めるのに役立つとして認めたが、仏教自体は現世を否定して家族の秩序を破壊する反儒教的な教えであるとして斥けた。彼がそのように理詰めで物事を考えたのは、彼が疑った朱子学のお陰ではあった。

王陽明の思想的な迷いは三〇才過ぎまで続き、その間に武術や兵学にも興味を示し、後には六万の兵を率いて反乱軍を鎮圧しているから、文武両道の人だったのだ。

ともかく科挙の試験を受けねばならないので王陽明は朱子学に立ち戻り、二八才で科挙に合格して官僚の道を歩み始めた。だが彼の役人生活は浮沈が激しく、功績の割には不遇なものだった。その不遇が官僚世界への疑問と、官僚世界を支える朱子学への疑問へと再び発展していったのだ。

「**陽明学**」というのは日本での呼び名で、中国では「**王学**」と呼ばれている。日本では、朱子学は思弁哲学、陽明学は行動哲学とみなされているが、これも正確ではない。王陽明の主張は朱子学以上に思弁的なものだったのだ。

陽明学のキーワードである「知行合一《ちこうごういつ》」も、「知識と行動は一致すべきだ」と解釈されているが、誤解である。当時、「格物致知《かくぶつちち》」の解釈をめぐって「人間は知識を得てから行動するのか、それとも行動によって知識を得るのか」という論争があり「知先行後《ちせんこうご》」説が有力だった。これに対し陽明が、「知識と行動は同時進行するものだ」と唱えたに過ぎないのだ。

陽明学が現在のように行動を優先する哲学と解釈されるようになったのは、晩年の王陽明が

「良知《りょうち》を致《いた》す」というスローガンを掲げて、ソクラテスなみに「ただ生きるのではなく、善く生きよ」と門人に教え、心の重要性を説いたからである。このため晩年の陽明学は「心学」とも呼ばれていた。

王陽明の主張の背後には乱れた政治に対する憤りがあったが　彼自身は過激な行動はせず、若年時の無理がたたって結核を患い五五才で亡くなった。その直後に陽明学は、官学である朱子学を冒瀆《ぼうとく》するものだとして「偽学《ぎがく》」のレッテルを貼られて禁止されてしまった。「王学」が名誉を回復するのは、その後四〇年をへてのことである。

晩年の王陽明の学塾には全国から大勢の聴講者が集まっていたが、陽明学が過激思想とみなされるようになったのは、弟子や孫弟子たちの中から過激派が育っていったためである。といっても武装蜂起したわけではない。

陽明学は、日本には陽明の死後一〇〇年ほどたった江戸時代の初頭に入ってきて、中江藤樹《なかえとうじゅ》や熊沢蕃山《くまざわばんざん》を輩出している。中江藤樹は「近江聖人《おうみせいじん》」と讃えられるほど穏やかな人物だった。ところが日本では、幕末の大塩平八郎《おおしおへいはちろう》や吉田松陰《よしだしょういん》が陽明学を誤解ないし曲解して反幕府行動を起こしたので、陽明学は過激な行動主義思想と受け取られるようになったのだ。――一九七〇年には陽明学を信奉していると公言していた作家の三島由紀夫《みしまゆきお》氏が、自衛隊の庁舎に乗り込んで割腹自殺を遂げたので、「陽明学＝過激思想」という誤解は日本ではいまだに解かれぬままである。

では、「王学」が明時代の特筆事項であるのはなぜかというと、それまで誰も疑えなかった朱子学を真っ向から疑い、漢民族の頭の重しを大きく揺るがしたからである。

もう一つ、それと同様の働きをしたのが流入してきた西洋科学だった。

ヨーロッパでキリスト教会の堕落を糾弾して一五一七年に宗教改革の声を上げたマルティン・ルター（一四八三〜一五四六年）は、王陽明より一一才年少の同時代人である。宗教改革によって守勢に立たされたカトリック（旧教）側は、巻き返しを図るためにアジアに目をつけた。中でもスペインのイエズス会は軍隊組織を取り入れ、宣教師たちに当時最先端の科学知識を学ばせて、それを武器にアジア全域への布教に乗り出した。——ちなみに、日本でカトリックやキリスト教を耶蘇《ヤソ》教と呼ぶのは、イエズスを中国語で「耶蘇《イエスー》」と表記したのを、日本語で音読みしているのだ。

イエズス会は、一二代皇帝の世宗がポルトガル人のマカオ居住を許可したのを機に中国での布教活動を開始した。イエズス会の布教方針は、①権力者を取り込む、②現地の風俗や習慣を尊重する、③宗教以外の利益を与える——の三点に集約されていた。イタリア人のイエズス会士マテオ・リッチはこの方針を忠実に実行し、一五八三年にマカオから広州《こうしゅう》に入ると、「利瑪竇《リマトー》」という中国名を名乗り、中国服を身に着けて、中国語や中国文化を学び始めた。そうして一八年後、ついに第一四代皇帝の神宗万暦帝《しんそうばんれきてい》に謁見《えっけん》する機会を得たのだ。――信仰の力、恐るべし！　である。

謁見の席でマテオ・リッチは、天文・暦法・数学・砲術などを紹介して皇帝の心をつかみ、北京在住と布教の許可を得た。マテオ・リッチは儒教を否定せず、孔子や先祖を崇拝することを認め、知識階層に対しては西洋科学を前面に立ててキリスト教が利益をもたらすものであることを印象づけた。彼が一六〇二年に刊行した世界地図は、中国の知識階層に世界の大きさを初めて教える画期的なものとなった。

マテオ・リッチは一宣教師というよりも、徳川家康の政治顧問を務めたオランダ人ヤン・ヨーステンのような存在となり、中国滞在二七年で病死するが、皇帝の命令で手厚く葬られ、墓所は現在でも観光名所になっている。リッチは、七六才で獄中自殺した陽明学左派の思想家の李卓吾《りたくご》とも会談している。

イエズス会は、中国にヨーロッパの文化を伝える一方で中国文化をヨーロッパに紹介し、嘉靖・万暦年間の陶磁器はヨーロッパの宮廷で引っ張りだこになるほどの人気になっている。

西洋科学の流入によって、それまで形式的イデオロギー一辺倒だった中国社会に、農学や土木学、天体学といった**実学**を学ぶ気運が生まれた。それにともない、起業家精神や経済合理主義も芽生え出したのだ。その結果、知的に目覚めた学者や庶民が儒教の観念論を批判したり、政府公認の解釈を離れ、儒教思想を文献に則して実証的に解釈し直す研究方法も生まれた。人民主権や地方分権制度の萌芽のような政治思想まで生み出されるようになったのだ。

三　お定まりの王朝滅亡コースで、再び異民族王朝の「清」へ

明王朝の開祖の洪武帝は、――宋王朝の開祖の太祖と同様に――宦官の弊害を熟知しており、宦官が政治に口を入れることを固く禁じ、違反した宦官を死罪にすると宣言していた。ところが、第三代の永楽帝はむしろ宦官を積極的に登用した。すべての権力を皇帝一人に集中させた結果、皇帝は膨大な数の案件に目を通さなければならなくなり、補助役として宦官が不可欠になったのだ。宮廷の宦官の数はたちまち数千人に膨れ上がり、明末には、後宮の女性九〇〇〇人に対して、全国の宦官の数は実に一〇万人に達していたという。そのほぼ一〇〇パーセントが自ら志願して手術を受けた自宮《じきゅう》宦官である。親が小さいうちに子どもを手術させる風習も一段と広まった。このため、手術をしたものの定員オーバーで後宮に採用されずデモが起きるなど、社会問題になっ

ている。中国人の現世利益を求める激しさと見るべきか、そうまでしなければ生きていけない競争社会の厳しさと見るべきだろうか。

明末は、宦官と官僚の争いで明け暮れた。これも後漢や唐の末期の再演である。争いは、これも例のごとく官僚側の完敗だった。

外敵の侵攻も例のごとくだった。秀吉が二度にわたって朝鮮に出兵したのに対し、明が援軍を送ったのは万暦帝の時代だったが、明王朝が滅亡するのは、万暦帝が四八年間の統治の末に亡くなってから二四年後のことである。

かつて北宋を倒して中国の北半分を領有していた金《きん》は、一二三四年にモンゴル(元《げん》)に敗れて万里の長城の遙か北方に追いやられていた。四〇〇年間ほど鳴かず飛ばずの状態だったが、明王朝が衰えを見せた頃に勢いを盛り返し、満州《まんしゅう》文字を創って国号を「清《しん》」と改め、内モンゴルと朝鮮を服属させると中国本土に侵入してきた。明王朝は防衛費をまかなうために農民に重税を課し、これに旱魃による大飢饉が加わり各地で大規模な農民暴動が起こった。これもお定まりの王朝滅亡コースである。暴動の先頭に立ったのは貧農出身の**李自成**《りじせい》という二五才の若者だった。彼は、①土地の平等な分配、②三年間の免税、③農民を殺さない、④略奪と婦女子を犯した者を死刑にする——という軍規を定めて人心を掌握した。伝統的な均産思想と朱元璋の軍規の合体である。

その後の李自成は中国各地を転戦していたが、十余年後、北京に侵入すると難なく勝利を収めた。明の第一七代皇帝の毅宗《きそう》は自ら首を括《くく》って死んだが、共に死んだ宦官は一人だけでほかは全員逃亡し、官僚は衣冠《いかん》を整え平伏して貧農出身の李自成を迎えた。官僚にとって朱子学は、科挙の試験に合格するための単なる知識に過ぎなかったことを証明したわけである。こうして明王朝はほぼ三〇〇年の幕を閉じたのだ。

さて、李自成はここまでは順調だったが、清と明王朝の遺臣の連合軍と戦って大敗し、わずか四〇日の天下で北京から逃亡、途中で農民の自警団によって殺されてしまった。三九才だった。――彼の最期は三日天下の明智光秀《あけちみつひで》を想わせる。――もしも李自成が勝利を収め、公約を実施していたなら、中国が日本に代わってアジアの近代化の第一号国になっていたかもしれない。だがそうはならずに、新たに開かれたのが清王朝である。

南宋が滅亡した際に中国僧の無学祖元《むがくそげん》が来日しているが、明王朝の滅亡によっても数多くの中国僧や学者が日本に亡命している。朱子学者の朱舜水《しゅしゅんすい》は日本に帰化し、水戸《みと》藩の徳川光圀《みつくに》の招きで江戸に出て水戸学の基礎を創った。朱舜水は、一時は台湾《タイワン》に逃れて戦った鄭成功《ていせいこう》と行動を共にしていた武闘派の学者である。赤穂藩《あこうはん》の儒官の山鹿素行《やまがそこう》とも交流している。両人とも赤穂浪士の討ち入り以前に亡くなっているが、赤穂浪士の有力メンバーの武林唯七《たけばやしただしち》は孟子の子孫で、祖父は明からの亡命者だった。

インゲン豆でお馴染みの隠元禅師《いんげんぜんじ》も、朱舜水と同じ頃に日本にやって来ている。彼の場合は亡命でなく、三年で帰るつもりが結果的に八一才で亡くなるまで日本にいたのだが、いずれにしてもこの時期になると、もはや歴史は一国内だけでは語れないほどの広がりを見せるようになっていたのだ。

四 清は漢民族に成りすました「カモフラージュ(擬態《ぎたい》)国家」だった

清は、万里の長城の北に広大な領土(旧満州地方に当たる)を持っていた王朝で、一六六二年に中国を領有して正式に中国の皇帝も兼ねることになった。小魚とは呼べないが、中魚が大魚を呑み込んだ形である。その最初の皇帝が聖祖康熙帝《せいそこうきてい》だが、清王朝としては第四代目の帝となる。

中国支配を始めた清王朝は、「われわれは明王朝を亡ぼしたのでなく、逆臣の李自成を討伐してやったのだ」と主張した。そこで明王朝の官僚体制をそっくり再現してみせたが、主要ポストには同数の漢人と満州人を当て、実務はもっぱら有能な漢人の官僚に任せて満州人は監視役に回った。――これは元王朝の真似である。清王朝はカモフラージュ(偽装)というよりも、カメレオンの擬態のように、漢民族に成りすまして漢民族を支配したのだ。

科挙の試験も大々的に復活させたが、これも漢民族を抑え込むのが目的なので試験は年々難しくなり、受験の資格試験だけでも四度、さらに七段階の本試験にパスしないとキャリア官僚になれる「進士《しんじ》」の資格を取れないようにした。最終試験は原則として三年に一度なので、一生を科挙の試験勉強に費やして棒に振る者も珍しくなかった。――こうなると、単なる試験地獄でなく立派に三大奇習の仲間入りである。若者のエネルギーを奪うという、唐の太宗が科挙に込めた思惑を完璧な形で実現させたのだ。

朱子学を官学としたが、漢民族至上主義的な部分は削り取り、解釈は一通りにした。受験生は合格のためにその解釈だけを覚え込んだ。これは、明の開祖の洪武帝による思想統一の真似である。第五代皇帝の雍正帝《ようぜいてい》は「自分が皇帝になれたのは天命であり、漢人も満人も一家族であり、天命に従うのが義務である」という主旨のパンフレットを配布して、朱子学を逆手に取って清王朝への服従を命じている。

辮髪と胡服の着用は法律で義務づけられ、抵抗する者は処刑された。方向は正反対だが、これも洪武帝の政策の再現である。雍正帝は「文字の獄」と呼ばれる言論弾圧を行い、多数の学者を見せしめのために処刑しているが、「日月」と書いただけで「明」を意味すると言いがかりをつけられて罰せられるのだから、学者は沈黙を余儀なくされた。これも政策としては洪武帝の「文字の獄」の再現である。

第六代皇帝の乾隆帝《けんりゅうてい》は、漢人と満人の結婚は禁止されていたにもかかわらず、皇女を孔家七二代目の孔憲培《こうけんばい》に嫁がせ、歴代の皇帝の中で最多の九回も孔府（＝孔家の役所）を訪問している。これも清王朝が漢民族と一体であると思わせるためのカモフラージュ（＝擬態）政策だったが、皇女には男子が生まれず、七三代目は孔憲培の甥が継いでいる（「天下一の家系」に異民族の血を入れまいとして、孔家側が何らかの手を打った可能性もゼロではなかったろう）。

現在の孔子廟は一四万平方メートルの広大な敷地に部屋数が四六六もある豪壮なものだが、これを完成させたのも清王朝である。

古典を厳密に読み直してこれまでの解釈を比較検討する「考証学」は明末に生まれているが、清王朝は考証学の流行も巧みに取り入れた。乾隆帝は、『康熙《こうき》字典』の作成や『四庫全書《しこぜんしょ》』という中国図書の蒐集《しゅうしゅう》分類を命じ、漢人の学者を総動員して、国家プロジェクトとして行っている。――この政策は漢人学者の民族意識をくすぐり、漢人学者は中国文化に敬意を払う清王朝を受け入れ、学者を優遇する乾隆帝を讃えている。『四庫全書』も、実は清王朝にとって都合の悪い書物を排除する、始皇帝が行った焚書の二番煎じでもあったのだが――。

ともかく見事なまでの「成りすまし」戦術によって、清末には満州族の風習である辮髪を漢民族の伝統的な髪型と思い込んでいるような有様となり、毛沢東でさえ「李自成は逆賊である」という清王朝の主張を信じていたというのだから、清王朝の洗脳技術は現在のものと変わらぬほど高度だったのだ。

清王室は元王室と同じくラマ教を信仰していたが、康熙帝は儒学者のような謹厳実直な生活をしていた。根が学問好きだったのだろうが、彼は朱子学のほかに西洋科学を学び、宦官の数を減らし、領土を拡張し、それでいて軍事費を抑えて増税をしなかったので、清王朝の基盤は盤石になった。

「小さな軍隊」というのは清王朝の特色の一つだった。兵員は一〇万人ほどで、少数精鋭を方針とし、その数で圧倒的に優勢な明軍を打ち破っているのだ。康熙帝の統治は六一年の永きにわたり、ほぼその全期間、社会は安定を保った。

中国人を語る時に欠かせないものの一つに「食」がある。中国料理は道教の「医食同源《いしょくどうげん》」思想による食事追究の成果と言われるが、その大もとは始皇帝の不老不死願望に由来している。

中国料理の歴史は俗に四〇〇〇年とされ、南北朝時代には世界初の料理に関する本も書かれている。しかし食材や香辛料が豊富に用いられるようになったのは唐代になってからのことで、胡《ご》麻《ま》・胡椒《こしょう》・胡瓜《きゅうり》・胡桃《くるみ》・葫《にんにく》など、「胡」の付くものは北方や西方の異民族がもたらしたものである。なお、「胡」も蔑称である。それが各地に伝わり、現在のような料理になったのは清時代に入ってのことである。六〇年間の安定期間が必要だったわけだが、一七四一年には人口も一億五〇〇〇万人近くになっている。これも食文化を発展させる大きな要因だったろう。清末には「満《まん》漢全席《かんぜんせき》」という宴会料理も創作されている。

五　漢民族の生き方を取り戻す「四大反乱」により王朝滅亡へ

考証学は古典研究に功績をあげたが、文字や字句のわずかな異同をめぐって論争する「些末《さまつ》主義」を生み出し、学問研究を形骸化させていった。受験勉強だけで育った者が官僚になると、政界でも形式主義と大勢《たいせい》に身を任せる「事大《じだい》主義」（＝事なかれ主義）が横行するようになった。清王朝のカモフラージュ作戦があまりに上手くいきすぎて、王朝自身の首をゆっくりと絞め上げ、王朝と社会を仮死状態に陥らせていったのだ。五代目の雍正帝が一七二三年にキリスト教を全面的に禁止し、宣教師をマカオから追放した影響も大きかった。イエズス会士と共に入ってきた西洋科学や西欧の事情が民間に伝わらなくなり、社会をいっそう沈滞させたのだ。

一七〇〇年代末期から次々に起こった四件の反乱は、清王朝のマインド・コントロールから本来の漢民族の生き方を取り戻そうとする、再度の「駆逐韃虜《くちくだつりょ》・回復中華」の叫び声でもあったのだ。

1 白蓮教徒《びゃくれんきょうと》の乱

地方で清王朝の土台を食い荒らしていたのは、科挙の試験に合格できず進士（＝キャリア官僚）になれなかった中・下級役人（＝ノンキャリア）たちだった。彼らは農村に赴任すると、ウップン晴らしをするかのように農民を搾取した。これに耐えきれずに農民が蜂起したのが白蓮教徒の反乱である。「平等・均産」のスローガンはこれまでの農民暴動と同じものだった。この反乱は第七代の仁宗《じんそう》が即位した一七九六年に始まり、八年がかりで鎮圧されたが、時期が一八〇四年というのはタイミングが悪すぎた。ヨーロッパ諸国が植民地獲得を目指してアジアに雪崩《なだ》れ込む、一九世紀に入っていたのだ。

2 太平天国《たいへいてんごく》の乱

白蓮教徒の乱が起こる以前、第六代皇帝の乾隆帝の末期に、イギリスは門戸開放のための使者を中国に送ったが、乾隆帝は「わが国は物産が豊富であるから貿易の必要はない。イギリスが茶や生糸や陶磁器を必要としているなら恵みを施してやろう」と返書した。清王朝も漢民族の振りをしているうちに、中華意識に染まっていたのだ。

一九世紀に入り、イギリスは中国貿易に本腰を入れたが、綿製品の輸出はまったく振るわなかった。中国社会はすでに綿製品を自給自足できるほど家内工業が発展していたのだ。

そこでイギリスは貿易赤字を埋めようと、東インド会社を拠点に集めたアヘンを中国に売りつけたのだ。表向きは咳止めの薬として、である。アヘンはたちまち中国社会を汚染し、清朝政府の官僚や貴族まで、アヘンで利益を得る者やアヘン吸引者になる始末だった。そこで第八代の道光帝《どうこうてい》は硬骨官僚の林則徐《りんそくじょ》を特任大臣に抜擢し、アヘン二万箱を没収してイギリス船の広東《カントン》入港を禁止した。これに対してイギリスが武力攻撃を行ったのが、一八四〇年に起きた**アヘン戦争**である。慌てた道光帝は林則徐を罷免したが、イギリスは翌年には清を屈服させ、香港《ホンコン》の割譲をはじめとする数々の特権を獲得したのだ。

イギリスの非道は誰の目にも明らかだったが、欧米列強はイギリスを支持し、イギリスと同じ利権を得ようと手負いの中国に襲いかかった。

アヘン戦争の多額の賠償金によって通貨の銀が高騰し、まず都市生活が破壊され、加えて旱魃《かんばつ》と洪水と蝗害《こうがい》で農村も破壊された。お定まりの王朝滅亡のパターンが始まったのだ。

そこに出現したのが、洪秀全《こうしゅうぜん》という二九才の青年である。彼は四度目の科挙の試験に落第して、故郷の広州郊外の村に「上帝会《じょうていかい》」という宗教を創った。教義の骨格はキリスト教から借用したもので、天の主催者である上帝をエホバと同一の最高神として信仰するものだった。それまでの中国の宗教と異《ちが》っていたのは、清王朝ばかりでなく歴代の漢民族の王朝を全否定し、儒教や道教や仏教を、中国を堕落させた教えとして非難している点だった。西欧が栄えているのは西欧が上帝を信仰しているからであり、中国は上帝を見失ったために堕落・衰退したのだという主張は、インテリにありがちな西洋かぶれや西洋に対する劣等感の表われだと言ってしまえばそれまでの話だが、農民さえ中華意識や儒教精神に凝り固まっていた中国では、極めて大胆な、目からウロコの主張だったのだ。

「上帝会」は、現状に不平不満を持つあらゆる階層の者を吸引した。そこで洪秀全は一八五一年の自身の三七才の誕生日に、理想国家「**太平天国**」の樹立を宣言して挙兵したのだ。その時のスローガンは「滅満興漢《めつまんこうかん》」（＝満州族を亡ぼして漢民族を再興する）だった。公約は、①貧富の解消、②男女および万人の平等、③三年間の税の免除――という、二〇〇〇年前の李自成の反乱でお馴染みのものだった。

上帝会の信徒は全私財を教団に寄付し、衣食は教団から支給され、男女の別なく全員が軍事部門の「太平軍」に加盟した。一万人程度で構成された太平軍は、政府軍の攻撃に耐えてやがて数十万人に膨れ上がり、二年後の一八五三年には南京を占領して「天京《てんきょう》」と改称し、自治政府を樹立した。洪秀全は「天王《てんおう》」と称して政治を行い、一時は清王朝を滅亡寸前まで追い詰めたが、これまたお定まりの内紛を起こし、一八六四年、洪秀全は迫りくる鎮圧軍を前に五〇才で病死した（洪秀全の死因には、食糧難による栄養失調説や自殺説もある）。

3 義和団《ぎわだん》の乱

アヘン戦争から日清戦争まで、清王朝の軍隊は弱くて負けっぱなしだったと誤解されがちだが、決してそうではない。二〇万人の太平軍を粉砕し、イギリスの艦隊にも大打撃を与えているのだ。欧米が幕末に日本を武力侵攻しなかったのは、この時の体験があるからである。

清王朝の弱体の根本原因は宮廷内にあった。対外強行派の第九代の咸豊帝《かんぽうてい》が一八六一年に亡くなると、第一〇代皇帝が六才と幼かったことを口実に、実母の西太后《せいたいこう》が実権を握り、一九〇八年に亡くなるまで半世紀近く政治を牛耳ることになったのだ。彼女は生い立ちから経歴まで則天武《そくてんぶ》后《こう》のコピーのような女性で、自分の権力を護ることをすべてに優先させ、太平天国の乱に決着をつけるために漢人の義勇軍や外国の援軍を受け入れた。その結果、太平天国の乱は鎮圧できたものの、軍閥の成立やイギリスの正規軍を国内に入れる道を開いてしまったのだ。

西洋の武器の威力を目の当たりにした義勇軍の幕僚や政治家が推進した政策が「**洋務運動**」で、日本の「欧化政策」に当たる。その際に唱えられたスローガンが「中体西用《ちゅうたいせいよう》」（＝中国の学である儒教精神を中心にして、西洋の技術で富国強兵を図る）だった。日本の「和魂洋才《わこんようさい》」と同じである。その結果、上海《シャンハイ》を中心に製鉄所や西洋式工場ができたが、日本と異《ちが》っていたのは、義勇軍を組織した実力者たちがそれらを私物化し、さらには義勇軍を私兵にして軍閥を形成した点だった。

その後の清王朝は、ベトナムの帰属をめぐってフランスと戦って敗北し、一八九四年には朝鮮をめぐっての日清戦争に敗北した。その結果、王朝制度を廃止して日本にならって立憲国家にすべきだとの主張が湧き起こった。とはいえ、まだこの時点では清王朝を倒すことを目的としていたわけではなく、スローガンも「君民合致《くんみんがっち》・漢満不分《かんまんふぶん》」というものだった。ところが西太后はこの穏やかな提案を弾圧し、提案者を敵に回してしまったのだ。彼らの多くは日本やヨーロッパに亡命した。

インテリ階層が外国の進歩的思想や制度を取り入れて急速な近代化を目指すと、流れに取り残された庶民がアイデンティティーを求めて暴力的な排外行動をすることは珍しくないが、一八九九年から一九〇一年にかけて起きた「**義和団の乱**」はその典型だった。

義和団は、山東省《サントン》で自然発生的に生まれた土俗的な宗教団体だった。白蓮教の流れを汲み、呪《まじな》いや武術の拳法を取り入れていた。反乱の発端は、地方の村にまで押し寄せてきたキリスト教との衝突だった。キリスト教は一八六〇年に約一四〇年ぶりに布教が許可され、村に教会が建てられたのだ。それを外国人による侵略とみなした義和団は、「教会は子どもを誘拐して心臓をくりぬく」「旱魃はキリスト教に対して天が怒っている証拠だ」……などの流言飛語を広めて農民を煽《あお》り立てた。

日清戦争後、列強は租借《そしゃく》という名目で中国の沿岸部を占拠しており、外国製品の流入で困窮した零細な商工業者も義和団の排外思想に共鳴した。義和団は主張をエスカレートさせ、西洋文明の象徴として汽車や汽船の破壊を叫び、外国人宣教師およびキリスト教に改宗した中国人を殺害しながら首都の北京に迫った。反乱参加者は最大規模で二〇万人に達し、その大半は二〇才未満の男女だった（後に毛沢東が組織した紅衛兵《こうえいへい》は、義和団に着想を得たのかもしれない）。

ところが、西太后は何を血迷ったのか義和団の反乱を列強の力を抑える絶好の機会と考えて、列強に宣戦布告をしたのだ。義和団の掲げたスローガンは、確かに「**扶清滅洋**《ふしんめつよう》」（＝清を扶《たす》けて西洋を亡ぼす）というものだったが、義和団は清王朝政府にも反対しており、彼らの言う「清」とは「中国」の意味だったのだ。

列強にとっては渡りに舟だった。列強は、占拠地における自国の居留民を保護するとの口実で総勢二万余名の連合軍を結成し、義和団が立てこもった北京を制圧した。すると西安《せいあん》（＝長安《ちょうあん》）に逃れていた西太后は慌てて主戦派を処罰し恭順の意を示した。アヘン戦争の際に林則徐を罷免した道光帝の二の舞を演じたのだ。西太后が裏切ったと知ると義和団は「**掃清滅洋**《そうしんめつよう》」（＝清を一掃し西洋を亡ぼす）とスローガンを書き改めた。しかし、連合軍を前に義和団は壊滅、西太后は自分の生命と引き替えに莫大な賠償金を支払い、中国全土を列強の植民地として提供したのだ。

4　辛亥革命《しんがい》

清王朝はもはや風前の灯火だった。

辛亥革命の立て役者の**孫文**《そんぶん》は、一八六六年に広東で生まれ、一四才で兄を頼ってハワイに留学して西洋思想に目覚め、キリスト教徒になった。しかし西洋かぶれを心配する兄によって中国へ送り返され、香港で西洋医学を学んでマカオで開業していた。孫文氏は、友人たちから「洪秀全」と綽名されていたほど太平天国の失敗を惜しみ、憂国の思いを棄てきれずに革命運動に立ち上がった。紆余曲折の末に氏は一九〇五年に日本にやってきて、宮崎滔天《みやざきとうてん》らの仲介で革命結社の統一を図り、そのリーダーとなったのだ。

日本が日露戦争に勝利すると、留学生たちはアジア人が西洋人を打ち破ったことに鼓舞されたが、同時に中国国内で西洋人と同様の振る舞いをする日本を警戒し、中国の革命の必要性に急速に目覚めていったのだ。

統一された革命結社の綱領は、①韃虜《だつりょ》の駆除、②中華の回復、③民国創立、④地権の平均——という、③以外は反乱農民のスローガンでお馴染みのものだった。

革命勢力は、何度かの蜂起の失敗の末、ついに一九一一年辛亥《かのとい》の年の一〇月一〇日に武昌《ぶしょう》（現在の武漢《ぶかん》市）で蜂起に成功した。これが「**辛亥革命**」である。この時、孫文はアメリカに亡命していたが急遽《きゅうきょ》帰国し、翌一九一二年一月一日に南京で中華民国の成立を宣言し、臨時大総統に就任した。このあたりは、革命成功後にロシアに舞い戻ったレーニンと似ているが、ロシア革命に先立つこと五年、孫文四六才のことだった。

というわけで、清時代の特筆事項は、①**カモフラージュ（擬態）政策**と、②**四大反乱**——の二項目である。

第七章

中華民国と中華人民共和国の時代

～共和国樹立から国共合作、そして中国共産党による一党独裁へ～

一　中国の「国父《こくふ》」孫文《そんぶん》が唱えた、三民主義と大アジア主義

革命が成功して中華民国が樹立されても、すぐに清《しん》王朝が消滅したわけではなかった。清朝政府が、軍閥を率いる実力者の袁世凱《えんせいがい》に全権を委《ゆだ》ねたからだ。軍事力では及ばない孫文は、①清王朝の廃絶、②共和国の樹立――の二項目を呑むことを条件に、臨時大総統の地位を袁世凱に明け渡した。その結果、清王朝は「辛亥《しんがい》革命」のほぼ一ヶ月後にようやく幕を閉じた。西太后《せいたいこう》の死から四年目のことである。

ところが、袁世凱は②の公約を実行せず、列強の支持を得て革命の弾圧に乗り出した。中国初の国会議員選挙で孫文氏の率いる国民党は第一党になったものの、国会は不法に解散されて、孫文たち革命家はまたもや日本への亡命を余儀なくされた。

一九一六年に袁世凱が死ぬと孫文は広州《こうしゅう》に新政府を樹立して北部の軍閥と対抗したが、事は思うように運ばず、一九一九年に国民党を「中国国民党」と改称して、一九二三年には、ソ連を後ろ盾に一九二一年に結成されていた中国共産党と手を組むことにした。毛沢東《もうたくとう》をはじめとする共産党員を、共産党に在籍のまま中国国民党に入党させるという離れ業を用いて、革命勢力の大同

団結を図ったのだ。これが第一次の「**国共合作**《こっきょうがっさく》」である。その結果、孫文氏は国民党からも共産党からも等しく「**国父**」として讃えられるようになったのだ。二年後の一九二五年一月、孫文は軍閥との交渉のために赴いた北京《ペキン》で五九才で病死するが、謀殺だったとの疑いも濃厚である。

孫文の名は「**三民主義**」とセットで知られているが、その内容は以下のごときものである。

①民族主義＝漢民族と少数民族とが共存する五族共和政策
②民権主義＝主権在民と五権憲法による共和国政体の樹立
③民生主義＝大土地所有と私的独占の制限、農地の再分配による地権の平等、貧富の解消と福祉の充実

①の五族とは、漢族・満州族・蒙古《もうこ》族・ウイグル族・チベット族を指している。ちなみに現在の中国の国旗の「五星紅旗《ごせいこうき》」に描かれている五つの星は、五族を表わしているのではなく、大きな星が共産党、それを囲む小さな星は、労働者・農民・知識階級・愛国資本家を表わしている。

②の五権というのは、司法・立法・行政の三権に、官僚の採用システムである「考試《こうし》」（＝中国語で試験の意）と、官僚を監視するシステムを意味する「監察」の二権を加えたもので、コネが横行する人治主義の弊害を除く対策である。

三民主義に関する共産党の解釈は孫文の考えとは大幅にズレていたが、孫文は受け入れて大同

団結を優先させた。

孫文は死の前年に日本で中国語による講演をしているが、そこで唱えたのが「**大アジア主義**」である。西洋の覇道《はどう》（＝武力優先）文化と、アジアの王道（＝道義優先）文化とを対比させて、帝国主義や不平等条約を覇道外交の典型として斥《しりぞ》け、王道外交でアジアおよび世界を甦《よみがえ》らせようという主張である。日本に対しては、日本が外交に覇道を取り入れていることを諫《いさ》め、日本は王道文化の本質を持っているのだから王道に立ち戻るべきだと促《うなが》している。彼は人類の未来に対しては楽観的で、その主張も過激な印象を与えるものではないが、中華意識はなかなかのもので、「日本が富強（＝富国強兵）になれたのは日本が古代から中国文化を移入し、その上に西洋文化を取り入れたためである」とか、「漢民族の力を世界に表明できなければ漢民族の恥辱である」などと述べている。

孫文は「客家《ハッカ》」の出身だった。客家は三国時代に中国南部に移り住んだ漢民族で、特有の方言と風習を持ち、団結力が強く、進取の気性に富み開放的なのだが、中華意識の強さやプライドの高いことでも知られている。中国の歴代の王朝は一般庶民の海外渡航を禁じていたが、福建省や広東省では密出国者が絶えず、客家は密出国者の有力な供給源でもあったのだ。

二 国民党・蒋介石《しょうかいせき》と、共産党・毛沢東の対立

孫文の死後、「中国国民党」の指導者になったのは、孫文より約二〇才年少で軍人出身の**蒋介石**だった。孫文夫人と蒋介石の夫人とは姉妹で、蒋介石は早くから孫文に目をかけられていた。ちなみに、夫人たちの実家の宋《そう》家は上海《シャンハイ》の名門財閥で、宋三姉妹は長女が財閥の跡取りに嫁し、次女は容共的な革命家の孫文に、三女は反共的な蒋介石に嫁している。孫文は三回目、蒋介石は四回目の結婚である。乱世の時代の典型的な生き残り作戦だが、宋家はこれが効を奏し、長女の靄齢《あいれい》は台湾《タイワン》政府の財務部長（＝大臣）夫人となり、次女の慶齢《けいれい》は中華人民共和国副主席となり、三女の美齢《びれい》は台湾政府主席夫人になって、いずれも八〇才を超える高齢で生涯を終えている。

反共主義者の蒋介石が中国国民党の実権を握ると国共合作は破れ、中国は国民党・共産党・軍閥の三つ巴の争いになった。そこにつけ込み、軍閥を利用して支配領域を拡張しようとしたのが日本軍だった。

蒋介石の率いる国民党と毛沢東の率いる共産党は、日本軍と戦うために一九三七年に二度目の「国共合作」を結んだが、これもすぐに決裂し、国際社会は蒋介石が率いる国民党政府を中国の

代表と認めた。このため、カイロ宣言から日本の終戦時の対応を取り仕切ったのは蒋介石政府だった。

蒋介石は日本の敗戦に際し、「徳を以《もっ》て怨《うら》みに報《むく》ゆる」との声明を出して日本に対する賠償権を放棄した。この背景には、国民党がソ連の援助を受けている共産党に勝つにはアメリカの全面的な援助に頼らざるを得ず、アメリカの要請を受け入れざるを得なかったという事情もあったが、抗日戦争時代の蒋介石は日記に日本を「倭《わ》」という蔑称で表記しているくらいだから、大変な決断だったろう。理由はともあれ、大国の度量の健在を認識させるに足るものだった。蒋介石は、軍人と民間人合わせて二百余万人の在留日本人の引き揚げの協力も約束し、実行している。

その蒋介石が毛沢東の率いる共産党軍に敗れて台湾に逃げ込むと、台湾人に対して猛烈なテロを行った。しかも四〇年間、戒厳令を出しっぱなしにしたのだ。蒋介石の台湾政策は、漢民族の大国意識と漢民族至上主義がマイナスに作用した典型と言える。

蒋介石より六才年少で一八九三年生まれの**毛沢東**は、中農出身ということになっているが家は富裕で、父親は暴君的だったが毛沢東は師範学校に進学でき、長男だったので一七才のときに親が決めた女性と最初の結婚をしている。革命に目覚めたのは、暴君的な父親への反発が一因だったという。

革命運動に身を投じた毛沢東は、一九三五年に中国共産党の中央政治局主席・中央軍事委員会主席となって党の実権を握り、一九七六年に亡くなるまで四〇年以上にわたり党首の地位を手放さなかった。

毛沢東の戦術は「毛沢東主義《マオイズム》」と呼ばれる独特のものだった。正統なマルクス主義では、革命は都市の工場労働者が中心となって正規軍兵士を味方につけて行うものだが、毛沢東の戦術は、農民が中心の民兵によるゲリラ戦によって農村から都市を包囲して権力を奪取するというものだった。毛沢東は農民を取り込むために、農民暴動の伝統的スローガンである平等主義を前面に押し立てて、正統マルクス主義の真髄である一党独裁を否定する主張さえしているのだ。

毛沢東の率いる中国共産党は農民の支持によって内戦に勝利し、一九四九年一〇月一日に中華人民共和国を設立した。共産党軍が国民党軍に勝てたのは、地理的に有利なソ連が第二次世界大戦で使い残した兵器を大量に共産党に送り込んだのに対して、アメリカは議会によって軍事援助予算を削られたのが主因と言われているが、真の主因は軍のモラルの差だった。毛沢東の率いる紅軍《こうぐん》（＝共産党の軍隊。四七年以降の名称は「中国人民解放軍」）は設立当初から、①民衆のものを盗んではならない、②壊した物は弁償せよ、③大便は便所でせよ——など「三大規律・八項注意」を厳守させて人心の掌握に努めていたのだ。毛沢東は、蒋介石に追われて二年がかりで中国大陸を時計回りに半周した一万二五〇〇キロの「長征《ちょうせい》」と呼ばれる大移動を行って、一九三六年に西安《せいあん》北方の山陵地帯の延安《えんあん》に根拠地を築いたが、その際にも離脱する兵士に旅費まで与えて心をつなぎとめる努力をしている。それらが功を奏し、毛沢東は革命政府樹立後の残党掃討にも勝利を収められたのだ。

三　毛沢東の独裁政治と文化大革命の後遺症

中華人民共和国のすべり出しは順調だった。小作農は土地を分配され、過酷な税からも解放され、子どもたちは等しく学校教育を受けられるようになり、一夫一妻制が実施されて女性も忍従から解放された。保健衛生にも目が向けられて蚊や蠅の撲滅運動が全国規模で展開され、インフレの終息にも成功した。

だが共産党は、民主主義国家における政党とは異なる党である。民主主義国家の政党が国家の枠内にあって国家の制約を受けるのに対し、共産党は国家の外に存在し国家の法の制約を受けないのだ。つまり、共産主義体制やその途上の社会主義体制というのは、**共産党が国家を乗っ取った**形態なのだ。

このため、国家の法律に従う一般国民と、彼らを国家の外側から指導する共産党員とでは、まったく別種の存在となる。共産党員は党規に従う義務はあっても国家の法に従う義務はなく、同じ罪を犯しても量刑が異なる。それどころか告訴さえされず、死刑も免れるのだ。党員にとって最も恐るべき処罰は、「除名」によって党員からただの国民に格下げされることである。すなわち共産主義国家というのは、近代的な政治用語でカモフラージュされてはいても、構造的には王朝国家の化粧直しに過ぎないのだ。中華人民共和国も例外ではなかった。

一九五〇年代前半の中国経済は、朝鮮戦争への参戦による足踏みはあったものの順調に発展し、それにともない**毛沢東への個人崇拝**も高められていった。個人崇拝に関しては、毛沢東よりも周《しゅう》恩来《おんらい》首相をはじめとする取り巻きに責任がある。

一九五六年二月にソ連のフルシチョフ共産党第一書記がスターリン批判の秘密報告を行うと、毛沢東は中国共産党と自分自身の権威が盤石であることを内外――とりわけソ連――に誇示するために、「百花斉放《ひゃっかせいほう》・百家争鳴《ひゃっかそうめい》」運動と称して、共産党に対し自由な批判を行うよう学者や芸術家に促した。戦国時代の斉《せい》の国の「稷下《しょくか》の学」を模したものである。毛沢東はマルクスの書物よりも中国の古典を好み、そこから政策や戦術を引き出すのを得意としていた。ところがいざ運動が開始されると、これまでの共産党の政策や個人崇拝に対する批判の大洪水になったのだ。

慌てた毛沢東は、党に対する批判を右派の反革命行為であると決めつけ、一転して大弾圧に乗り出した。「反右派闘争」と呼ばれる最初の社会混乱の始まりである。

反右派闘争は、都市部を中心に一九五七年いっぱいかかって終息し、毛沢東は五〇万人以上の「危険分子」を排除して勝利を収めた（「百花斉放」運動は最初から異分子をあぶり出すための戦術だったとの説もある）。

こうした間にも、重税から解放された農民は余剰作物を売って生活の足しにすることができるまでになっていたが、毛沢東は、今度は農民が資本主義を復活させるのではないかと猜疑心を懐《いだ》くようになった。独裁者特有の偏執病《パラノイア》である。

毛沢東は「人民公社」を造り、農・工・商の個人経営を禁止した。同時に五カ年計画を前倒しして、一刻も早く資本主義国に追いつき追い抜くための「大躍進」の号令を発した。さらにスターリン批判をめぐって対立の深まったソ連からの援助が期待できなくなることを見越して、中国一国だけで共産主義社会を実現する「自力更生《じりきこうせい》」政策を打ち立てた。

「大躍進」政策では、例の中国人の《一〇倍の法則》が発揮されて、信じられないような実話が残っている。工場は二四時間操業が当たり前となり、午後一一時に退社して午前二時に出社する社員が出現した。耕地にあらゆる肥料をぶち込み、密生した穂の上で子どもが転げ回れるほどになり表彰された農民がいた。その耕地は、翌年にはまったく使い物にならなくなった。北京では、雀は害鳥であるから退治すべきだと全住民が一斉に竹竿で追い回して落ちてきた雀を捕まえ、夕方になると雀の死骸を満載したトラックが処理施設に向かって走る光景が見られた。その結果、害虫が増えて農作物の大不作を招いた。国民一人当たりの鉄の生産高が国力のバロメーターであると報告されると、誰もが手製の炉で鉄ナベや鉄ガマを溶かして鉄の塊を作り、ナベ・カマが不足して炊事もままならなくなった。

毛沢東は、ソ連との全面戦争を考慮して北京市内に防空地下トンネルを掘らせ、地方に自分や主要閣僚が移り住める施設まで造らせた。——その一部は現在、観光名所になっている。

大躍進政策による経済の大混乱は共産党を窮地に立たせ、毛沢東は党の幹部会で批判されて一九五九年に国家主席(=大統領職)を劉少奇《りゅうしょうき》に譲らざるを得なくなった。劉少奇は毛沢東と同じ湖南省の出身だが、毛沢東より五才年少のソ連留学組である。毛沢東は、共産党主席(=党首)の地位と党の中央軍事委員会主席の地位だけは辛うじて守り抜いた。党は国より上なのだから、党のトップの地位と軍さえ握っていればどうにかなるのだ。この時も助け船を出したのは周恩来首相だった。

それから暫く引きこもって大人しくしているように見えた毛沢東は、密かに権力奪回の策を練っていた。そうして一九六六年に火を付けたのが「**プロレタリア文化大革命**」だ。事の起こりは何気ない文芸批判だった。最初から政治に的を絞らずに、周囲を安心させて徐々に政治闘争化させるのが毛沢東の得意技なのだ。

毛沢東は自分の尖兵《せんぺい》として、毛沢東への個人崇拝で育った高級中学校（＝日本の高校）の生徒に目を付け、「造反有理《ぞうはんゆうり》」（＝反権力闘争には道理がある＝反逆は正義だ！）というスローガンと赤い腕章を授けて「紅衛兵《こうえいへい》」と名乗らせた。

こうして始まった「文化大革命」は、まったく新たな人間革命として実存主義者のサルトルにまで賞賛されたが、一皮むけば毛沢東政権が旧態依然たる王朝政権だったことを立証するものだった。

文化大革命の一〇年間、大学は封鎖され、大学生は農民に学ぶためと称して僻地の農村へ下放《かほう》された。紅衛兵の破壊エネルギーは文化遺産にも及び、日本軍さえ手を付けなかった孔府《こうふ》も荒らされて国宝級の文献が失われ、孔子の墓石も打ち壊された。それまでも身分証に旧地主や旧ブルジョア階級の出身と記載された者は迫害されていたが、「文革」期の国民は劣等の「黒《くろ》五類」と優等の「紅《こう》五類」と大多数の「紅外囲」の一一階級に分割され、「黒五類」の烙印を押された者は、入党はもとより優良校への進学や優良企業への就職も不可能になった。モンゴル支配以来の階級社会の到来である。

毛沢東の後継者として一時は「憲法」に書き込まれていた人民解放軍の林彪《りんぴょう》元帥が一九七一年にソ連へ亡命する途中の飛行機事故で死亡し、一九七六年に周恩来首相と毛沢東主席が相次いで病死すると、文化大革命は一九七七年になってようやく公式に終結宣言が出された。しかし、その間の人的・物的被害は途方もない規模に達した。闘争による死者は内輪に見積もっても五〇〇万〜六〇〇万人、「文革」が引き起こした飢饉による餓死者は二〇〇〇万人を下らないと推定されている。香港に脱出を図った紅衛兵の手記によると、鉄道沿線の木という木は食用に皮を剥がされて丸裸となり、駅では人肉の肉饅頭《にくまんじゅう》が売られていたという。一〇年間、中等学校以上のほとんどの学校が閉鎖されていたため、知的後遺症は現在もまだ尾を引いている。

四 「最高実力者」鄧小平《とうしょうへい》による経済発展政策と天安門《てんあんもん》事件

「プロレタリア文化大革命」が終息して、その後の権力闘争で勝ち残ったのは鄧小平党副主席だった。客家《ハッカ》出身、フランス留学組の古参党員である。「文革」終息時に七三才だった彼は、役職は中央軍事委員会主席として軍部を握るにとどめ、ほかの主要ポストに若手を配置して、「**最高**

実力者」という法的根拠不明な立場で中国の経済発展に乗り出した。

鄧小平は、「大躍進」の失敗後に劉少奇国家主席とコンビを組んで経済改革を目指したが、劉少奇国家主席は「文革」中の六九年に党から永久除名され、軟禁先で満足な治療も受けられずに病死していた。二人の運命を分けたのは、毛沢東党主席との相性《あいしょう》だった。身長一五〇センチほどだが、機転がきき精力的な鄧小平と毛沢東主席との関係は、暴君信長に仕える秀吉に似ており、鄧小平は毛沢東によって二度失脚させられたが、二度とも毛沢東のはからいで党除名を免れている。法律よりも人間関係が優先する「人治主義」の賜物《たまもの》である。

鄧小平氏は権力を掌握した七八年以来、経済の「**改革開放**」政策を唱えていたが、長老たちの間では相変わらず市場経済の導入を社会主義の逸脱とする不満がくすぶっていた。一方、鄧小平にとって市場経済の導入はいわば第二ラウンドであり、今回は絶対に負けるわけにはいかなかったのだ。

その後も紆余曲折はあったが、一九八二年には鄧小平「最高実力者」・胡耀邦《こようほう》「党総書記」・趙《ちょう》紫陽《しよう》「首相」のトロイカ体制が完成した。後者二人は鄧小平より十数才年少である。三人とも「文革」による失脚体験をしているが、「文革」に対する思いは必ずしも一致していなかった。——「文革」によって自身ばかりか娘も甚大な被害を受けた鄧実力者は、共産党のタガが弛めば中国社会は収拾がつかなくなると骨身に染み込んでおり、改革開放はあくまでも経済に限定する考えだった。一方、後者二人は政治にも改革開放が必要だと考えていたのだ。

鄧実力者は一九八二年に「憲法」を改正して、党総書記の任期を一期五年とし三選を禁じた。さらに権力の移譲がスムーズに行われるように、四〇代と三〇代の若手層を抜擢し、幹部候補生として教育するよう各地の共産党支部に指示を出した。――これは、独裁の排除と経済改革に反対する長老派を排除するためのものだった。出身階級による差別も、経済活動に関しては大幅に緩和した。

中国共産党は「マルクス・レーニン主義」を指導原理としているが、マルクス主義は以下の二点から成っている。

①共産党による独裁体制

②党による経済統制

レーニン主義というのは、権力の奪取と維持のための理論であり、以下の二点から成っている。

①外部に具体的な敵を設定して結束を固める。

②中間や中立を認めず、味方でない者はすべて敵とみなす。

鄧小平は、二つの主義の②は斥《しりぞ》けたが、①はあくまでも堅持する考えだったのだ。

彼は、一九八二年から本格的に始まった香港の返還交渉でもこの路線を堅持し、サッチャー首相の意向に沿って「**一国二制度**」（＝中国語では「一国両制」）を五〇年間の期限つきで受け入れたが、同時に「**愛国教育**」を強化し、「一国二制度は香港に限ったことであり、国内では絶対に認めないゾ！」との意向を示した。同じ一九八二年には日本軍による南京大虐殺の記念館を建造するように命じた。レーニン主義の①の強化策である。

一九八五年には「**先富論**《せんぷ》」を唱えて「富めるものから富め、富める地区から富め！」と国民に号令したが、これはマルクス主義の②の大緩和であり、疑心暗鬼の国民を経済の「改革開放」に向かわせるためのものだった。それと同時に、同年二月には南京を訪れて、自ら筆をとって建造中の建物を「侵華日軍南京大屠殺遇難同胞記念館」と名付けて八月にオープンさせた。これまたレーニン主義の①の強化策である。

トロイカ体制は経済の「改革開放」路線では一致したが、政治の「改革開放」ではミゾを深め、次第に軋《きし》みを増して、一九八六年、ついに胡耀邦「総書記」が鄧小平「最高実力者」によって罷免され、趙紫陽「首相」が新総書記になった。こうして迎えたのが一九八九年である。

政治局会議中に、保守派の集中攻撃を受けた胡耀邦前総書記が心筋梗塞で死亡したのだ。四月一五日のことである。折しもソ連では、ゴルバチョフ書記長が民主化を加速している真っ最中だった。全国から葬儀に集まった学生は天安門広場で集会やハンガーストライキを始めた。広場の学生数はみるみる数万に膨れ上がり、海外のメディアも大きく伝え始めた。そこで鄧小平「最高実力者」は、早期解決のために武力鎮圧をするよう趙紫陽「党総書記」に命じた。だが、趙紫陽は動かなかった。そこで「党中央軍事委員会主席」でもある鄧小平が軍に命じて、六月四日の夜から翌未明にかけて学生を武力鎮圧したのが「**天安門事件**」である（一九七六年に周恩来首相が亡くなった際にも天安門広場で事件が起きたので、「第二次天安門事件」あるいは「六四天安門事件」とも呼ばれている）。

直接の指令を出したのは戒厳令の責任者の李鵬《りほう》首相だった。真相は現在も不明だが、武力掃討は直前に予告されていたので広場内の学生はあらかた退去しており、大量虐殺というものは無かった模様だ。死傷者は、逃げる学生と兵士との市街戦で出ている。学生側が無抵抗の兵士を死傷させてもいる。死者数は最高で学生側一万という話もあるが、双方合わせて一〇〇〇人前後というのが妥当な数値であるようだ。

趙紫陽総書記は解任されて、二〇〇五年に八五才で亡くなるまで監視対象に置かれることになった。

鄧小平「最高実力者」の行為はもちろん非難されるべきものだが、彼が武力鎮圧を命じた二週間後の六月一八日にはポーランドで民主化運動が始まり、同年の一二月二五日までに東欧の六ヶ国の共産党政権は相次いで崩壊してしまうのだから、鄧小平の軍事司令官としての勘は健在だったと言えそうである。彼はかつては、政治局員として紅軍《こうぐん》に派遣されて自ら軍を率いて日本軍と戦った軍人でもあったのだ。

五　現在の中国――江沢民《こうたくみん》から習近平《しゅうきんぺい》まで

趙紫陽総書記の失脚後に抜擢されて党総書記に就任したのは、一九二六年生まれの**江沢民**党中央委員会書記だった。彼の父親は、日本の傀儡《かいらい》政権である汪兆銘《おうちょうめい》政府の官吏であり、日本軍の特務機関とも関連があったが、叔父の養子となって出身階級による障壁を乗り越えた。それだけに日本に対してはいっそうの強硬姿勢で臨んでいる。彼は政治家に転じるまでは工場のエンジニアだった。就任して九年目の一九九七年に鄧小平「最高実力者」が九二才で死亡したが、経済政策は鄧路線の改革開放を推進する一方で、内政や外交は引き締め強硬路線をとり、道教の流れを汲む「法輪功《ほうりんこう》」やチベット族に弾圧を加えている。就任二年目には「愛国主義教育実施要項」を定めているが、後に反日行為に加わる若者が施設を破壊しながら「愛国無罪」と叫ぶようになったのは、この要綱に依拠したものである。「憲法」に富強路線を書き加えてもいる。

在職中に上海閥を結成し、二〇〇二年の党総書記の退任後も、二〇〇四年まで党中央軍事委員会主席を、二〇〇五年まで国家中央軍事委員会の地位を手放さず、二〇〇六年に上海市の公安部による汚職摘発が開始されるまで、上海閥の政治家を使って院政を敷いていた。

江沢民総書記より一六才年少の**胡錦濤**《こきんとう》総書記は、党学校で鄧小平「最高実力者」の娘や胡耀邦総書記の息子と知り合い、鄧小平が指示した若手育成路線に乗って出世した政治家である。当初は胡耀邦の政治の開放路線に賛成していたが、胡耀邦の死去後はそれを裏切って長老派につき、党総書記の地位にのぼりつめた。父親の身分は「小経営者」だったので、理系の名門の清華《せいか》大学には一番人気のない水力学部に入学でき、共産党にも入党できた。根は学究肌で、大学に残り研究生活を送っていた際に「文革」を体験しているが大過なく切り抜け、政治家に転身するまではダム工事の技師をしていた。二〇〇二年に党総書記に就任したが、実権を握ったのは二〇〇六年以降である。二〇〇八年には北京オリンピックを、二〇一〇年には上海万博を成功させている。

中華意識はなかなかのもので、二〇〇四年に天安門前の東側に全長九・五メートル、重さ一七トンの青銅製の孔子像を設置したり、二〇一一年には中国語と中国文化の普及および中国の政治宣伝にも役立つ「孔子学院」と称する組織を立ち上げて世界各国の大学を中心に行き渡らせている。

鄧小平路線の「共通の敵」政策にも協力的で、南京虐殺事件の被害者数を二〇万人から三〇万人に引き上げている。解放改革経済も推進し、彼が引退する前年の二〇一一年に、中国は日本を抜いて世界第二の経済大国になった。胡錦濤総書記は、「中国共産主義青年団」を足場に力をつけてきた「団派《だんは》」の代表者である。

胡錦濤党総書記より一一才年少の**習近平**党総書記は、有力政治家を父親に持つ、いわゆる「太子党《たいしとう》」の代表的な政治家である。父親も少年期の彼も「文革」中は辛酸を舐《な》めたが、清華大学には無試験で推薦入学している。大学卒業後は有力政治家の秘書となり、その後は日本の有力政治家の二世と同じくトントン拍子で出世をして、二〇一二年に中国としては異例の若さの五九才で党総書記に就任した。

習近平総書記は、汚職撲滅を政策の前面に押し立てて国民の支持を得ると、その勢いに乗り、経済と軍事の双方で中国を世界一にする「**一帯一路**《いったいいちろ》」と称する路線を打ち立て、邁進《まいしん》中である。その願いを実現するため、二〇一八年には鄧小平「憲法」を改めて、一〇年の党総書記の在任期限を撤廃してしまった。

中国の新たな経済・軍事政策があちこちで問題を起こしているのは周知の通りだが、マルクス主義の①と②や、レーニン主義の①と②は、鄧小平が考えたように都合よく切り離せるものではなく、今や、マルクス主義の②の「経済統制」と、レーニン主義の②の「味方でない者はすべて敵」――とする政策が、習近平政権の指導原理になっている感がある。

いずれにしても、「天安門事件はなかった」「新型コロナウィルスの最初の大量感染地は中国ではない」「ウイグル族やチベット族が弾圧されていると批判するのは中国に対する誹謗中傷であり内政干渉である」と言い張っても、世界の人々を黙らせたり、目を閉じさせることはできない。世界の人口の五分の一近くを占める中国人の一挙手一投足は、もはや中国一国にとどまらず全人類に関わる問題になっているのだ。大国になるということは、そういうことなのだ。

さて、そういうわけで、中華民国と中国人民共和国の時代の特筆事項は、①**三民主義**と、②**中国は二度目の世界国家になれるか?**――の二項目である。

第八章

中国人とつきあう方法

～大人の度量を持ちつつも「自《ジ》己《コ》中《チュウ》」くらいがちょうどいい～

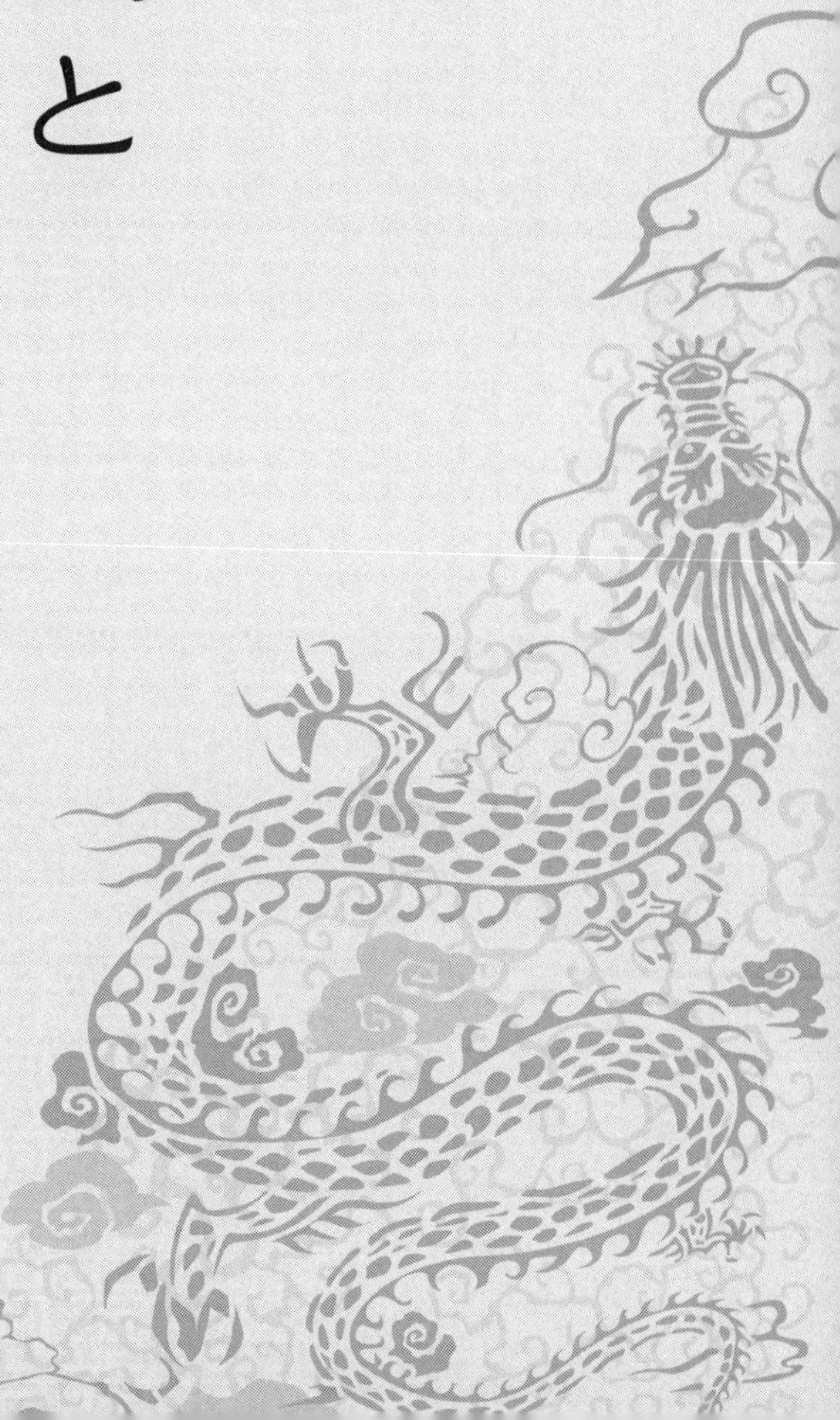

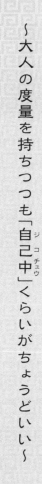

一　二度目の世界国家への道か、お定まりの王朝滅亡コースか？

本書は、孔子が活躍していた紀元前五〇〇年から西暦二〇二〇年までの二五二〇年間を扱っている。その間の歴史を個人の人生として一〇年を一ヶ月に短縮してみると、現在の中国は、生まれて二五二ヶ月、ちょうど二一才の活力にみなぎる若者である。

この姿は単なる画面上のアバターではなく、それぞれの時代を生き抜いた祖先のＤＮＡを持った、現実の二一才の中国の若者の姿である。この若者とどうつきあうか、若者がこの先どのような人生を歩むことができるのかの責任は、第一義的には現在の中国政府が負っている。より端的に言えば、習近平党総書記が負っている。

この若くして数々の体験をしてきた若者は、たぐい稀《まれ》なる活力と忍耐力と潜在能力を持っている。世界一の文化国家の国民であったことも、世界一の経済大国の国民であったことも、世界一の軍事強国の国民であったことも、征服国家の国民であった体験も、逆に亡国の民の体験もしている。ただ一つ、この有能な若者に欠けているのは、民主主義国家の国民であったことが一度もなく、自身の自由裁量で自身の才能を思う存分に伸ばしたり、能力を思う存分発揮する体験をしたことがないことである。――これほどもったいないことがあるだろうか。人口が数百万規模の国家でもそうだが、ましてや人口一四億人を超える国家であれば、損失は地球規模の甚大な損失である。

自由主義や個人主義や民主主義を、有害な外来思想として嫌悪したり排斥するのは間違っている。それらは中国が世界に先駆けて生み出したものであり、マルクス・レーニン主義の方がよほど有害な外来思想そのものなのだ。

さて、以下に記すのは、僕が二〇〇八年四月に出版した『これが中国人だ！――日本人が勘違いしている「中国人の思想」』（祥伝社新書）の最終章からの引用である。

※　※　※

残された時間　民主政治を旗印に行われた政権交代が真の民主主義を実現するには、いずれの国でも多大な時間が掛かっています。例えば、ロシアでは一九一七年にロマノフ王朝が倒されてから一九九一年にソ連が消滅して国民に民主主義が手渡されるまでに七四年かかりました。日本では、一八六八年に五ヶ条の御誓文《ごせいもん》で「議会制民主主義」を誓ってから、真の民主議会が誕生するには一九四五年の敗戦まで七七年待たねばなりませんでした。フランス革命でも、一七九二年に第一次共和制が宣言されてから本格的な共和制である第三共和制が一八七〇年に誕生するまで七八年かかっています。アメリカでも「正義を樹立する」と謳《うた》った一七八七年の憲法制定から一八六三年のリンカーン大統領の奴隷解放宣言まで七六年を要しています。

以上のような例から見ると、進歩的な政策というものは宣言されてから実施されるまでに、ざっと七五年はかかると見てよいでしょう。一世代を三〇年と見積もれば二世代半かかる勘定ですから、孫の代の半ば過ぎで変わると考えると納得のいく数字でしょう。であるとすると、「いっさいの権力は人民に属する」と宣言して一九四九年に発足した中国共産党政府に残されている時間は、残り二〇年を切った勘定になります。

王朝崩壊のパターン　中国の王朝が崩壊する原因は、およそ以下の四つのパターンに分類できます。

第一のパターンは、原因が王朝側にある場合で、これには①皇帝の横暴・②宦官（＝側近）の横暴・③貴族の横暴・④官僚の横暴・⑤軍事クーデターの五種類があります。

第二のパターンは、民衆蜂起が原因の場合で、これには⑥宗教徒の反乱・⑦農民反乱の二種類があります。

第三のパターンは、外国勢力が原因の場合で、これには⑧外国軍の侵攻と⑨中国領土内に居住する外国人の反乱の二種類があります。

第四のパターンは、第二のパターンとも関連しますが、⑩自然災害が引き金となる場合です。

実際には以上の一〇項目の要因が複雑に絡《から》み合っているのですが、第一から第四までのパターンを現在の中国共産党政権に当てはめてみましょう。

第一のパターンのうち、①と②は集団指導体制が保たれているので現在のところ起きる可能性はまずありません。

③の可能性は相当高いでしょう。共産党内では「太子党《たいしとう》」が問題になっています。太子＝皇帝の跡継ぎ、すなわち高級幹部の二世や三世が幅を利かせている現象です。日本でもアメリカでも代議士の世襲が民主主義を形骸化させようとしていますが、人治主義や地縁血縁意識の強い中国では太子党の動向が共産党を左右し、一挙に支持を失った共産党が崩壊する可能性は小さくありません。

④の官僚というのは、現在では行政地区の幹部である共産党員に該当します。となると、これもすでに地方の共産党幹部が企業家と結託して不正を行っているのは周知の通りですから、いず

れ彼等が地方ボスとなって党中央の命令に服さず、党が上下に分裂崩壊する可能性はあります。太子党に不満を持つ中・下級党員の反乱も考えられます。あるいは、経済的に繁栄した地区の共産党組織全体が中央の命令に服さずに共産党が水平方向に分裂する可能性もあります。現に、共産党上層部の北京閥と上海閥の抗争は周知の事実です。

⑤の軍事クーデターは現在のところは起こりそうにありませんが、中国はここ十数年間軍事費を増大させ続けていますから、軍隊が巨大となって軍幹部が今よりも発言力を増すようになると軍事クーデターの可能性もまったくゼロとは言えなくなるでしょう。しかし、それよりもソ連の崩壊の原因のように、軍需産業に予算をつぎ込みすぎて経済破綻を招いて体制崩壊を引き起こす可能性の方が大でしょう。

第二のパターンは、⑥と⑦が単独で起きた場合には王朝の軍隊によって平定されていますが、両者が合流した場合には王朝が崩壊しています。⑥の宗教徒の蜂起に関して中国政府はことのほか神経過敏で、一九九九年には太極拳と瞑想を中心に健康法を説く「法輪功《ほうりんこう》」を違法な宗教結社とみなして弾圧禁止しています。共産党員七三〇〇万人に対して「法輪功」の会員は七〇〇〇万人に達していたといいますから、民衆のマグマの巨大さを窺《うかが》わせます。

⑦の農民暴動の可能性は極めて大です。政府は報道管制を施いていますが、農民の暴動がもは

や押し隠すことが不可能なほど頻繁に起きていることは事実ですし、これに改革開放に乗り遅れて下層に押しやられた都市貧困層が合流すれば、十分に共産党政府を押し倒す力になります。

第三のパターンの、⑧は現在の国際情勢から見てまず起こる可能性はありません。しかし⑨は中国が抱える自治区で起こる可能性があります。ウイグル自治区やチベット自治区では宗教が絡んでいますから、宗教原理主義が浸透すれば、たちまち危険な火薬庫地帯と化すでしょう。事実、二〇〇八年三月にチベット自治区のラサで、中国支配に抗議する大規模な暴動が起きました。僧侶や一般市民を含めた数百人が参加した抗議活動です。火薬庫の温度はかなり熱くなっているのかもしれません。

第四のパターンの⑩自然災害は、中国のような広大な国では避けられませんが、今やそれに疫病や公害や地球温暖化や不法開発など人為的災害が加わっていますから、軍事費などよりも民生に予算を注ぎ込んでおかないと最も起こり得る体制崩壊の原因となるでしょう。

中国の進路　あえて中国の王朝や現在の共産党政権の政策を弁護すれば、巨大な領土と膨大な人口を抱える国の治安を維持したり、近代化を促進するには、ある程度の強権や民主化の速度のノロさは許容されるべきかもしれません。しかし、それを理由に民主化を先送りにするほど愚かな政策はないのです。アクセルを踏みすぎれば暴走するでしょうが、ブレーキを踏みすぎればブレーキが焼き切れて、もっと凄まじい暴走をもたらすのです。

人類が、政治的には民主主義へ、経済的には市場経済へ、文化的には個性主義へ向かって進んでいることは、もはや何人も否定できない現実です。これをまとめて言えば「自由の拡張」であり、その流れを推進する条件は平和です。中国は一九四九年まで資本主義制度があり、資本主義経験者が党幹部にも大勢いたお陰で、すみやかに資本主義を復活させることができました。ロシアのように一〇年に及ぶ経済的モタツキをせずにすんだのです。しかし、民主主義の経験となると、中国はほとんど皆無と言ってよいほど経験不足です。曲がりなりにも民主的な国会議員選挙が行われたのは一度しかないのです。ましてや、思想・言論・報道・信教の自由となるとほぼ未経験ですから、民主化の手順を誤ると、またぞろ「人治主義」の台頭によって王朝政治や軍閥政治を復活させることになるかもしれません。そうなったなら、先富論によってせっかく築き上げた経済的繁栄も台無しになってしまうのです。

政治改革　そうした事態を避けるために中国政府が一刻も早く取り組むべきは多党化政策でしょう。中国には「中国人民政治協商会議」という組織があって、建前上は中国共産党は「中国民主同盟」や「中国国民党革命委員会」などの諸政党と統一戦線を組んだ形になっているのです。まずはそうした衛星党を利用してでもよいから複数政党制へ踏み出すことです。民意を素早く吸い上げるためには、党大会を五年に一度しか開かないというソ連伝来の時代遅れな風習も改めるべきです。そうすれば、①から⑩の物騒なシミュレーションも不要となるでしょう。

幸いにして中国共産党は孫文の三民主義を支持しています。孫文の唱えた本来の解釈の三民主義は人類の進歩に合致するイデオロギーであり、何よりも中国人に適合するように考え抜かれた民主的イデオロギーなのですから、大いに活用すべきです。

※　※　※

当たっているか否かの判定は読者にお任せするが、太子党の権力者が独裁政治を行えば、中国史の法則が働いて一五年で破綻するだろうことをつけ加えよう。現政府も対策を打っているが、それはベクトルが逆な悪手であることもつけ加えておこう。

軍部の勢力の拡大は僕の予想以上に進んでいるようだ。愛国主義教育と「共通の敵」政策を推し進めれば軍部の発言力を増大させ、政治家が自分の首を絞める結果になることは戦前の日本でも経験ずみである。二〇〇五年の七月には、国防大学教授を務める人民解放軍の朱成虎《しゅせいこ》少将が、記者会見で個人的意見と断りながらも以下のような見解を発表している。

（1）台湾との武力衝突にアメリカが介入したなら、核兵器による先制攻撃を行う。

（2）核戦争では中国以外の人口を減らし、中国はここ一〇〇年余りの屈辱を晴らして未来永劫地球を支配する。

（3）地球を守るために、戦争・疫病・飢饉などの手段を用いて大量に人口を減らすべきである。

（4）中国は一〇年以内に地球上の人口の半分を消滅させるだけの核兵器を持つことが可能である。

（5）核戦争では、中国は西安以東の全都市が焦土となることを覚悟している。アメリカも数百の都市が壊滅するだろう。

時期は胡錦濤党総書記が就任して一〇ヶ月目のことであり、執行部は朱成虎少将に一年間の昇進停止処分を科すのがやっとだった。朱少将は共産党の「健軍の父」朱徳《しゅとく》元帥の外戚であり、いわば軍部内の太子党である。対外強硬派の江沢民総書記以来、中国の政治トップは、①党総書記、②党中央軍事委員主席、③国家主席の三ポストを兼任しているが、今やトップが足場を置いているのは②であり、それをいいことに軍は発言力を増しているのだろう。尖閣《せんかく》諸島をはじめとする軍事攻勢は、習近平党総書記がもはや軍部を抑えられなくなった証拠ではないかと僕は見ているのだ。

二　日本の政治家は中国とどうつきあうべきか

これも基本的には一三年前の提言と変わらない。

中国が残された時間をどれほど賢明に利用したにせよ、一党独裁体制から多党制への移行期には政治や社会のかなりの混乱は避けられないだろう。その時に日本政府は、他国政府の尻馬に乗って中国の混乱につけ込んで火事場泥棒的な振る舞いをしないことだ。経済で中国に追い抜かれたからといって、負け惜しみ的なアラ捜しや批判をして溜飲を下げているようでは、中国との差は開くばかりだろう。「先富論」は、「豊かになれる者から豊かになれ、豊かになれる地区から豊かになれ！」という前半の号令は実現できたが、後半の「先に豊かになった者は貧者を助けよ。先に豊かになった地区が落伍する地区を助けるのは義務である」という後半部分は、まだ手もつけられていないのだ。かつては上級階級である「紅五類」に分類されていた大多数の農民は、今では農村戸籍に縛られて、居住・入学・就職・移動……など、あらゆる面で都市戸籍の者と差別されてもいるのだ。

いずれにしても、地球上の全人類の五人に一人近くが中国人なのだから、中国を民主的な真の大国にすることは、日本の利益や安全に役立つばかりでなく全人類の利益になるのだ。そのために日本の政治家に求められるのは、偏狭や意固地になって中国をライバル視したり敵視したりするのでなく、悠然と構えて応援する**大人的な度量を持つ**ことである。

いずれの時代においても中国が一枚岩でなかったことは、これまでの記述でご理解いただけたと思うが、胡錦濤総書記時代に天安門広場の東側の国家博物館の前に突如姿を現わした巨大な孔子像は、三ヶ月後の四月二一日の深夜に忽然と姿を消してしまった。今は国家博物館の中庭に移されていることが分かっているが、いまだに誰の発案で設置され、誰の反対で撤去されたのか、真相は皆目分かっていないのだ。外からは一枚岩に見える独裁体制が現実にはひび割れた岩の寄せ集めにすぎないことは、ナチスの研究でも崩壊後のソ連の証言や資料からも明白になっている。いたずらに「中国脅威論」を掲げて軍事力で抑え込もうとするのは、逆にひび割れている権力体制をレーニン主義の「共通の敵」戦術で接着させてしまうだけの愚策である。

英語と中国語の双方を学んだことのある者ならば、漢字とアルファベットというまったく異質な外観に反して、両言語が語順や言い回しなど多くの点で極めて類似していることに気付いただろう。ということは、中国人とアメリカ人の思考回路は極めてよく似ているのだ。一九七一年の周恩来首相とキッシンジャー大統領特別補佐官との秘密会談が、非公開期限が切れて明らかになった時に、日本の政治家は、二人が日本の政治家を「世界的視野に欠けた島国人間」とボロクソに批判していたのを知って腰を抜かし、日本国民に隠すために真正面からとりあげて研究しようともしなかったが、トランプ前大統領が始めた中国と米国の対立は、いつまた米中同盟の復活になるか分からないのだ。それを念頭に、日本の政治家は**中米二国が武力対決をしないように行動すべき**である。いずれか一方と結託したり、両国の対決を煽って漁夫の利を得ようなどと考えるのは、それこそ島国根性の悪手以外の何物でもないのだ。

中国人とアメリカ人は、建前と本音がコインの表と裏の関係になっている点や、大国意識を持っている点でも似ているが、一番似ているのは金銭感覚である。

予期せぬ金が手に入った時にどうするかという譬《たと》えがある。日本人の大多数は、①減らさないように貯金する。グンと離れて二位は、②一部の金を飲食や買い物や旅行に使う。三位の③金を増やそうと投資をする、者は皆無に等しい。一方、中国人とアメリカ人のダントツの一位は、③の金を増やすために投資をする、である。二位は日本人と同じだが、一部の金を消費するのではなく全額を使い切る。日本人の一位の①貯金する、は皆無に等しい。

では、中国人とアメリカ人の相異がどこにあるのかと言えば、投資をして増やした金をどうするかにある。中国人は金をモノに替える。アメリカ人は儲けた金をまた増やそうと投資する。さほどに中国人は自国が発行する通貨を――というよりも政府を――信用していないのだ。

両国は偽造紙幣が大量に出回っている点でも似ている。このため両国ともキャッシュレス化が進み、中国は今やキャッシュレス社会の超先進国になっている。それを逆手に取って中国政府が国民の消費行動を監視しているのは周知の通りだが、便利の裏に何があるかに国民が気づけば、政府に対する不信は倍になって返ってくるだろう。

日本は金融面でも中国の消費者を支援することができるのだ。

何はともあれ、日本の政治家が中国の政治家や経済人とつきあうために真っ先にしなければならないことは、**話術を磨く**ことである。

プロンプターやメモの棒読みを大人しく聞いてくれるのは日本人だけである。丁々発止のやり取りができなければ、いずれの国でも政治家は務まらない。

例えば、南京虐殺事件でも、中国側は被害者三〇万人説を譲らず、日本側は最大規模五万人説を譲らない。日本側が当時の南京住民はせいぜい二五万人程度だったことを証拠に挙げても、中国側は日本の五万人説を「残虐行為の真実を矮小化して無かったことにするものだ」として耳を貸さない。そんな時には「被害者は三〇万人でなく三〇〇万人の間違いでしょう。中国政府は常に被害者数を控えめに公表しており、天安門事件でも死者を三一九人と公表しているではないですか」くらいのことを即座に言えねば話にならない。ムキにならずにそう切り出せば中国側も話し合いに応じざるを得なくなるだろう。

中国語は漢字を覚えねばならず、英語はスペルを覚えねばならず、小学生が文字で意思を伝えるには時間がかかる。そのため両国とも国語の授業は、聴くことと話すことから学習を始めるのだ。ひらがなのある日本のように、新入学の夏休みに絵日記を書いてきなさいなどという宿題は出したくても出せないのだ。代わりに日本では、本格的な話し方の授業も聴き方の授業も存在しなくなってしまった。これでは、ただでさえ聴く耳を持たない日本の政治家に交渉ごとでの勝ち目はない。

日本は日本の要求を中国側に呑ませる方法を、せいぜい二、三手考えただけで交渉の場に臨むが、中国側がどんな方向からどんな技で攻めてくるかを二〇手や三〇手くらいは考えて、それぞれの対応を何度も予行演習して臨むのが肝心である。中国の主張には必ずと言ってよいほどまったくナンセンスなものや、言いがかりとしか思えないものが含まれているが、それは囮《おとり》で最終的には引っ込めるつもりで言っているのであって、まともに扱うと「こちらが譲ったのだから、今度はそっちが譲る番だ」と揺さぶりをかけてくる。中国人との交渉では、囮にいかに対応するかがカギになる。交渉の場で当惑したり、ムキになったり、渋面を作ったら、それだけで中国側に得点を与えたことになるのだ。いなす、笑い話にする、褒め殺す……など、口下手な日本の政治家は常日ごろから**多種多様な実技訓練**をしておくことが必要である。

三 われわれ一般人が中国人とつきあう方法

国と国とのつきあいは政治家に任せないのがベストである。政治家は自分の出番が無くなるのを恐れて、国民同士が直接交際するのを妨害する存在でしかないからだ。

われわれがなすべきことの主だったものだけを箇条書きにしておこう。

①「コインの裏表」話法を身につけることから始めよう。

中国人を前にしたならば、建前を言いたい時には思いっ切りカッコよく建前を述べればよい。本音を語りたければ、建前を言った直後でも構わないから堂々と本音を述べればよい。そうすれば中国人でも――アメリカ人でも――あなたを非難する者はいない。

本音と建前をゴッチャにして喋るから、日本人の発言は曖昧だ、矛盾していると非難されるのだ。——これは、レストランに入って「中国料理は最高だ」と言った直後に「でも日本料理にする」と言っても非難されないが、「中国料理は最高だが、日本料理もいいな」と言えば優柔不断だ、早くどっちかに決めろと非難されるのと同じことである。

コインの裏表話法に慣れてくると、日本式話法では本音と建前が互いにもたれ合っていて、いずれも説得力を欠いたものであることに気づくだろう。それでも日本人同士の会話が成り立っているのは、相手の察しを期待し、相手も期待に応じてくれているからだ。

コインの裏表話法が身についたなら、あなたは自分が力強くなり、自立心が増したような気がするだろう。実際にそうなっているのだ。イエス・ノーを絶えず意識し、即座に答える能力が身についたからだ。この話法を完璧に身につけられたなら、生まれてこの方コインの裏表話法で生きてきて、自身の本音と建前に気づいていない中国人やアメリカ人とも互角以上に討議や交渉ができるようになる。

②「コインの裏表」を日常生活全般に押し広げよう。

日本にはせっかく「よく遊び、よく学べ」という良い教えがあるのに、大概の日本人は遊んでいる時には「遊んでいていいのかなぁ、他の人は勉強をしているだろうな」と考え、勉強をしている時には「ああ早く遊びたいなぁ」と考えながらやっているから、どちらにも身が入らないのだ。中国人やアメリカ人が日本人より活動的で享楽的であるのは、コインの裏表的なメリハリ生活をしているからだ。彼らの仕事の生産性が高いと言われるのもそのせいである。やたらと和を重んじて空気を読むことに疲れ果てている大方の日本人には、慣れてくるとコインの裏表生活が心地よく感じられるはずである。

①や②は、日本にいる中国人とつきあうことによっても身につけられる。

では、中国で中国人とつきあうにはどうすればよいのだろうか。

③情勢に一喜一憂しないことである。

あなたが中国大陸で生活を始めれば、日本趣味の中国人とわけなく友人になれるだろう。コインの裏表話法や生活にも磨きがかかり、そこであなたは「万事順調だ。なぁんだ中国での生活も日本の生活と変わりないや」と安堵するだろう。ところが、日本政府と中国政府のちょっとしたイザコザをきっかけに、あなたがすっかり親友になったと思い込んでいた中国人の友人が、突然あなたと口を利かなくなり反日グループと一緒に行動を始め出す。例えば、領事館の投石に参加し、何度も一緒に行ったことのある日本店の非買運動に参加する。あなたは突然の事態にパニックを起こし、裏切られたと恨んだり、周囲の中国人の誰も信用できなくなり、たちまち中国嫌いになるかもしれない。だが、そんな時には、友人は「面従腹背《めんじゅうふくはい》」生活に入ったのだと考えるといい。友人は、そうしないと自分の身の安全が保てなかったり、快適に生活ができなくなる何らかの状況に遭遇しているのだ。あるいは単なるメンツのためかもしれない。いずれにしても、あなたは、あなたの生活ペースを崩さないことだ。そうしていると、やがて忘れたころに友人は何事も無かったかのようにあなたの所にやってきて、途切れる以前の状態であなたに接するようになるだろう。あなたに頼みごとをするかもしれない。そこであなたは、「ふざけるな、トットと消え失せろ！」と叫びたくなるかもしれないが、そこは堪《こら》えて、頼まれたならあなたのできる範囲の七割ほどで応じるがよい。それ以上だと、あなたが精神的に参っていたと誤った情報を与えることになりかねない。それ以下だと、またしばしば離れていくことになるだろう。日本人は、心の広さとは相手の要求を何でも受け入れることだと誤解しがちだが、そうした態度は判断力を放棄しているに等しく、友情を深めていくにはこうしたことを繰り返さねばならないのだ。面倒な手続きに思われるかもしれないが、いつの間にかあなたも友人も頼まれたなら八割から九割の力を出して相手を助けていることに気づくようになるだろう。

徐々に友情を深めていけば、あなたは日本の互いにべったりともたれ合った友情ではなく、互いに自立した独立独歩の友情に心地よさを覚えるようになるだろう。

日本では一〇年も音信不通だと友情も消え失せるが、こうして得られた中国人との友情は一〇年の音信不通など意に介さずに生涯続く。

④よほど親しくなっても、政治の話はうかつにはしない方がいい。

中国の教育はレーニン主義で固められており、あなたの周囲の大方の中国人は日本を共通の敵とする教科書で育っているため、政治とまったく無縁な話をしている最中に不意に反日発言が飛び出すことが珍しくない。そんな時、相手が意識的にあなたを政治問題に引きずり込もうとしている場合でなければ聞き流して構わない。引きずり込もうとしている場合は、「日本では中国との友好時代の歴史を沢山習ったよ」とでも言って、具体例の一つでも挙げてかわせばよい。唐代は中国人が一番気に入っている時代であり、平安時代は日本人が一番気に入っている時代だから、逆に話が盛り上がることもある。

若者の反日意識を過度に恐れることはない。あなたも学校で習ったことなどとっくに忘れてしまっているだろうから。

あなたが民主派であることを表明している友人に向かって、「わたしは留学生だから政治的な意見は言わない」と発言しても、あなたがビビッて発言しているのでない限り非難されることはない。あなたも「面従腹背」意識でそう発言している限り、後ろめたさを覚える必要などまったくない。中国社会は基本的に性悪説で成り立っており、警戒心は許容される。逆に警戒心を持たない人物は善意の人とは見なされずに危険人物あつかいされかねない。そんな人物とつきあっていると、いつ巻き添えになるか分からないからだ。

⑤中国では、日本でなら「自己中《ジコチュウ》」だと非難されるくらいの態度で行動するのがちょうどいい。

断る時に日本人は相手の顔を潰さぬようにとあれこれ理由を述べたがるが、これもかえって裏があると誤解されかねないから原則厳禁だ。

そうこうするうちに、あなたは操縦士のようにあなた自身を操縦しているあなた自身に気づくことになるだろう。同時に中国社会で生きるのには「ただ生きる」ことなどあり得ないことに気づくだろう。あるいは「ただ生きる」ことに価値を発見するだろう。——これは、人生に意義を求めすぎて自縄自縛《じじょうじばく》に陥り、すぐに自殺に走る日本の若者にはぜひとも気づいてもらいたい価値である。

中国人の「面従腹背」が、日本の高級官僚のような出世のためのゴマスリでないことも分かってくるだろう。中国流のメンツを楽しんだり、中国人に気づかせたりすることもできるようになるだろう。

⑥台湾での注意事項。

台湾の民主主義は日本よりも進んでいるし、外国との経済活動は大陸よりも永く、大国意識も希薄だから、社会生活のおけるメンツ意識も軽減されているが、――その反面かどうかは分からないが――親族内や一族内でのメンツ意識はまだなかなかのもののようだ。特に名家や旧家と言われている家では。

日本で育ちアメリカに住んでいる台湾出身の四〇代の女性は、年に一度台湾に帰るのを楽しみにしているが、そこで開かれる親戚一同の会はいまだに苦手だとコボしている。大家族制度や親戚づきあいにおける慣習は台湾の方が大陸よりも濃く伝わっているようだ。

さあて、あとは各自がそれぞれの方法で中国人とのつきあい方を開発し、それが良ければ広め、かつ深めていけば、――新たな誤解も生まれるかもしれないが――これまでの日中の政治家ができなかった国と国との友好を達成させて、永続させることもわけなくできるようになるだろう。

おわりに

中国の歴史や思想の流れをコンパクトにまとめるというのは無謀なことだが、少なくとも、中国の支配的イデオロギーが儒教であり、上級階層は儒教を、庶民は道教を信奉していたというのが真相にほど遠く、本気で道教にすがっていたのは庶民よりも皇帝たちであったことや、儒教の道徳が現在を含めて中国社会や政治にせいぜい努力目標程度にしか作用していないことはお分かりいただけたのではないだろうか。

中国の近現代の歴史を知ると、現在の中国人の欧米諸国に対する苛立ちや、日本に対する怒りも分かるだろう。そうしたわだかまりの解消は、政治家に任せるのではなく、われわれ――とりわけ若者たち――一人一人が取り組まなければならない問題なのだから、心ある読者はぜひとも個別の入門書や専門書によって知識を深めていただきたい。

「はじめに」でも書いたように、日・中・米の関係は、この一三年間で激変したが、かく言う僕も二〇一二年から一年の大半をアメリカで生活するようになり、トランプ政権の対中政策や、それにともなう在米日本人や日系アメリカ人の反応や、在米中国人の見解をリアルタイムで目にすることができた。同時に「日本思考史」や「韓国思考史」や「アメリカ思考史」を読みたいと願っている。

この先一三年というと僕は卒寿になるが、その時はもっと穏やかな日・中・米の関係の下で、新たな中国現代史と思考史の本を書ければ幸いである。

なお以前に出版した本を書くに当たっては、明治書院の『新釈漢文大系』シリーズ・中央公論社の『世界の名著』シリーズの該当刊・同社刊の『中国の歴史』を主として参照したが、その後の学説の変化や、新たに起きた事件の経緯は、僕がチャイナ・ウォッチャーとして雑誌や新聞から収集して整理したノートに拠っている。

本書の執筆はすべて米国で行ったので、日本にある書籍を利用できず、インターネットの資料を数多く参照させていただいたが、日時の確認が主で直接引用をしていないので、項目名の記載はすべて割愛させていただいた。末筆ながらここに各執筆者に深甚の感謝の意を表します。

二〇二一年四月三〇日

佐久　協

佐久協（さく・やすし）

1944年東京生まれ。慶應義塾大学文学部卒業後、同大学院で中国文学、国文学を専攻。慶應義塾高校で教職に。国語、漢文、中国語などを教え、多くの生徒に親しまれてきた。2004年に教職を退き、以降は思想、哲学、漢籍、日本語などをテーマに執筆活動を行う。『高校生が感動した「論語」』（祥伝社新書）がベストセラーとなり、論語解説の第一人者に。『「孟子」は人を強くする』（祥伝社新書）、『「論語」の教え　豊かな心で生きる』、『「菜根譚」のことば　しなやかな心で生きる』（ともに出版芸術社）など著書多数。

なぜ中国人はそう考えるのか
はじめての中国"思考史"

二〇二一年八月一〇日　第一刷発行

著者　佐久協
発行者　松岡佑子
発行所　株式会社 出版芸術社
〒一〇二-〇〇七三
東京都千代田区九段北一-一五-一五 瑞鳥ビル
TEL　〇三-六三八六-一七八六
FAX　〇三-三二六三-〇〇一八
URL　http://www.spng.jp/

カバーデザイン・組版　田中真琴
印刷・製本　中央精版印刷株式会社

ISBN 978-4-88293-540-7 C0022